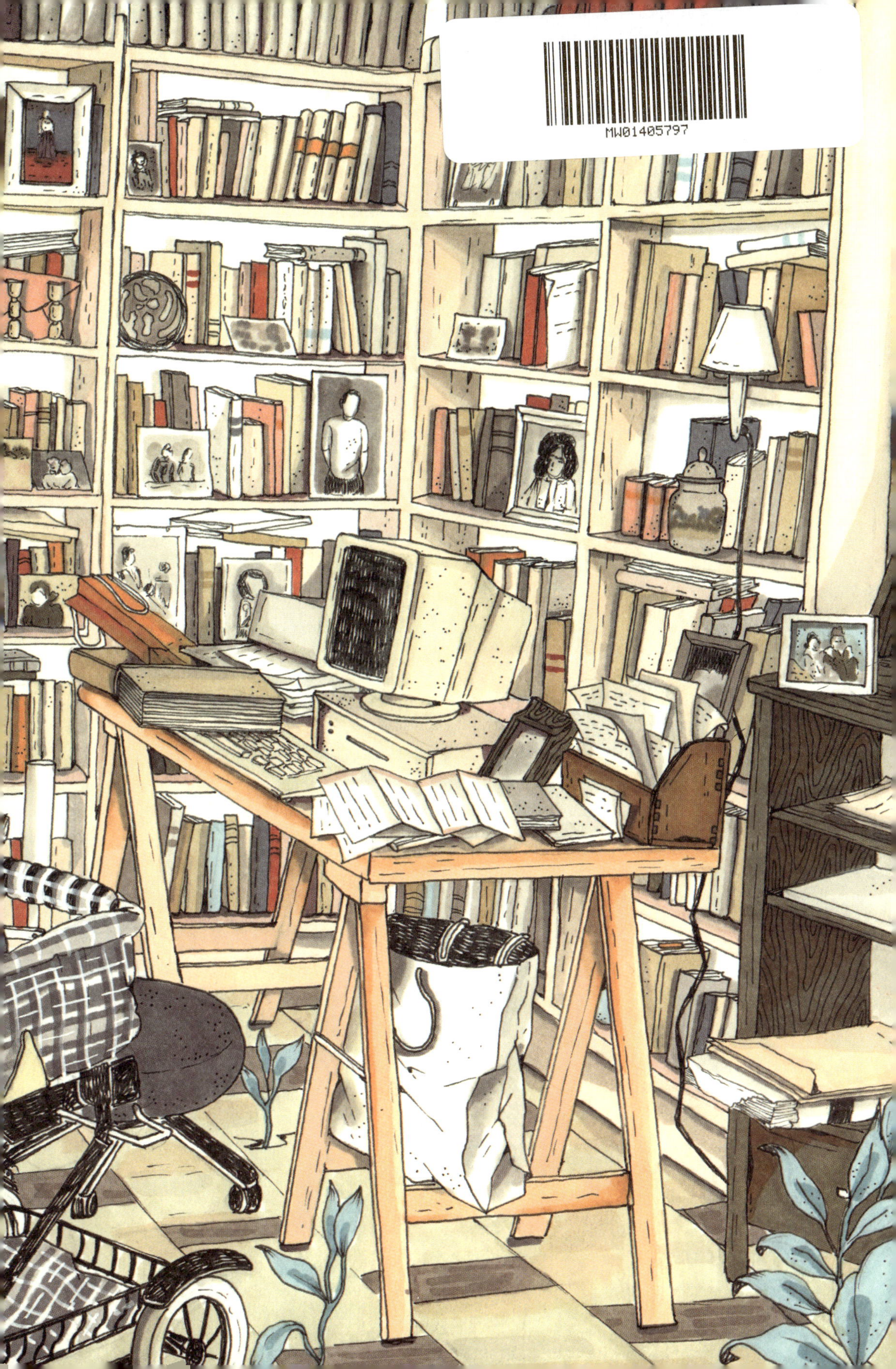

Almudena

Una biografía

Almudena

Una biografía

Aroa Moreno Durán
Ilustrado por Ana Jarén

Lumen

Papel certificado por el Forest Stewardship Council®

Penguin
Random House
Grupo Editorial

Primera edición: febrero de 2024

© Aroa Moreno Durán, por el texto
© Ana Jarén, por las ilustraciones
© 2024, Penguin Random House Grupo Editorial, S. A. U.
Travessera de Gràcia, 47-49. 08021 Barcelona
Para las citas extraídas de las obras de Almudena Grandes: © Herederos de Almudena Grandes, 2021. Publicados por acuerdo con Tusquets Editores, S. A., Barcelona
Para los poemas y citas de Luis García Montero: *Completamente viernes* © Luis García Montero, 1998. *Poesía completa* (1980-2017) © Luis García Montero, 2018. *Un año y tres meses*
© Luis García Montero, 2022. Publicados por acuerdo con Tusquets Editores, S. A., Barcelona
Para las citas extraídas de los artículos de Almudena Grandes:
© Herederos de Almudena Grandes, 2021
«De purísima y oro». Letra y música: Joaquín Martínez Sabina / Antonio Manuel Vicente Oliver
© Warner Chappell Music Spain, S. A. U.

Penguin Random House Grupo Editorial apoya la protección del *copyright*.
El *copyright* estimula la creatividad, defiende la diversidad en el ámbito de las ideas y el conocimiento, promueve la libre expresión y favorece una cultura viva. Gracias por comprar una edición autorizada de este libro y por respetar las leyes del *copyright* al no reproducir, escanear ni distribuir ninguna parte de esta obra por ningún medio sin permiso. Al hacerlo está respaldando a los autores y permitiendo que PRHGE continúe publicando libros para todos los lectores.
Diríjase a CEDRO (Centro Español de Derechos Reprográficos, http://www.cedro.org) si necesita fotocopiar o escanear algún fragmento de esta obra.

Printed in Spain - Impreso en España

ISBN: 978-84-264-2653-6
Depósito legal: B-21424-2023

Compuesto por Fernando de Santiago

Impreso en Gómez Aparicio, S. L.
Casarrubuelos (Madrid)

H426536

La literatura es vida de más.
Almudena Grandes

Lo importante son los libros

Conocí a Almudena Grandes en el mes de enero de 2018, en una estrecha librería de Madrid que ya no existe llamada La Semillera, en la calle Carranza, a medio camino entre su casa y la mía. Presentaba *Los pacientes del doctor García*. Llegué tarde a propósito, la timidez es impuntual, y me quedé al fondo, de pie. El acto ya había comenzado. Ella hablaba saltando de la historia a la ficción y de la ficción a la historia, contaba cómo había armado el argumento, cómo había investigado, los libros que había leído y cómo escribió la novela, la cuarta de la serie *Episodios de una guerra interminable*. Era un placer escucharla. Hablaba desde el oficio, con emoción, sin impostura, como si la historia que había escrito fuera lo más importante que le hubiera pasado nunca.

Después, cuando terminó de firmar ejemplares, me acerqué y me dijo: «Cuando te he visto entrar, he pensado que ojalá sea ella». En ese momento yo no sabía si la había entendido bien. ¿Por qué iba Almudena Grandes a querer que yo fuera yo?

Una vez que se marcharon los lectores, salimos a un pequeño patio que había detrás de la librería, donde crecían enfrentándose al invierno algunas hiedras pobres en hojas, como recién plantadas. Allí había un grupo de gente charlando y fumando. Me dijo: «Estos son mis amigos». No me acuerdo bien de quiénes estaban allí. Me presentó. Y enseguida, con la torpeza vital que llevo años intentando doblegar sin mucho éxito, me fui antes de tiempo. Solo había ido a darle las gracias y no sé si, al final, lo hice.

El 12 de diciembre de 2017, un mes antes, yo volvía de recoger a mi hijo Pablo en la escuela infantil. Eran las dos de la tarde. Sonó mi teléfono y detuve el coche delante de mi casa. Número desconocido. «Te llamamos de Radio Nacional de España —me dijeron—.

Te pasamos con Almudena Grandes». Mi hijo, en ese preciso y extraño momento de mi vida, se puso a llorar. Berreaba en su silla en el asiento de atrás del coche mientras yo intentaba escuchar a Almudena. «¿Que he ganado qué?». Subí a casa y dormí al niño. Forcé la siesta del niño, quiero decir. En aquella mecedora, sentada en la oscuridad del mediodía, no es que no me creyera que me habían dado un premio, es que no me podía creer que ella me hubiera leído. ¿A mí? ¿No sería una alucinación? Ella, esa voz que tan bien conocía de escucharla en sus columnas de la radio los lunes, esa voz escondida detrás de las palabras de miles de páginas, me había felicitado por mi libro. Me dijo: «Lo importante no es el premio, Aroa, es el libro».

Eso me lo repitió muchas veces después.

«Lo importante son los libros».

A aquella anécdota, que hoy me parece de una vida anterior, le siguieron algunos mensajes. Mensajes en los que yo le daba las gracias por leerme, por recomendar mi libro aquí y allá. Y hay uno que quiero rescatar hoy. Un mensaje que ella me envió y que me duele volver a leerlo en este mes de marzo de 2023, cuando comienzo a escribir estas páginas. «Me he sentido sola durante tantos años en mi generación, he tenido tantas veces la sensación de estar equivocándome, empeñándome en caminos que no parecían interesarle a nadie, que tu libro me reconfortó muchísimo y me hizo mucha ilusión. Gracias por la compañía desde tu juventud», me escribió.

Esa soledad de Almudena, rodeada siempre de millones de lectores y de amigos, esos caminos que se cruzaban entre mi única novela publicada entonces y su docena de libros entendí que eran los caminos de los héroes de las retaguardias, los caminos de la resistencia, política y personal, de los que no comparecen en ninguna historia, de los que tuvieron nombre y pelearon y vivieron, pero solo se acuerdan de ellos quienes los amaron. Ella los renombraba con su torrente de palabras y páginas, de tramas e historia, y yo con una breve novela elíptica.

Y así nos fuimos cruzando después por los territorios de la literatura y la amistad hasta que Almudena se marchó en el mes de noviembre de 2021.

La tarde en que se fue, yo estaba escribiendo sola en casa. Me llegó un mensaje y pasaron horas hasta que pude levantarme de la silla. Me cayó la noche encima, en silencio, la casa se quedó a oscuras. Al día siguiente, imprimí una fotografía que me pareció cargada de significado sobre ser mujer y escribir. La colgué con una chincheta en mi despacho. En esa imagen sale Almudena delante de un ordenador, concentrada; a su lado, está su hijo Mauro, que tendrá unos cuatro o cinco años y mira a la cámara.

Siempre hay algo, cuando escribo, que la trae de vuelta a mi lado. Me dijo acerca de aquella primera novela que había acertado en las decisiones que tomé al escribirla. Ahora, cada vez que tomo una decisión, cuando no es la intuición la que trabaja, pienso: «¿Estaré acertando, Almudena?». Quisiera preguntarle por la literatura, por cómo lo hizo, por cómo se acierta. Pero a veces siento que también desearía

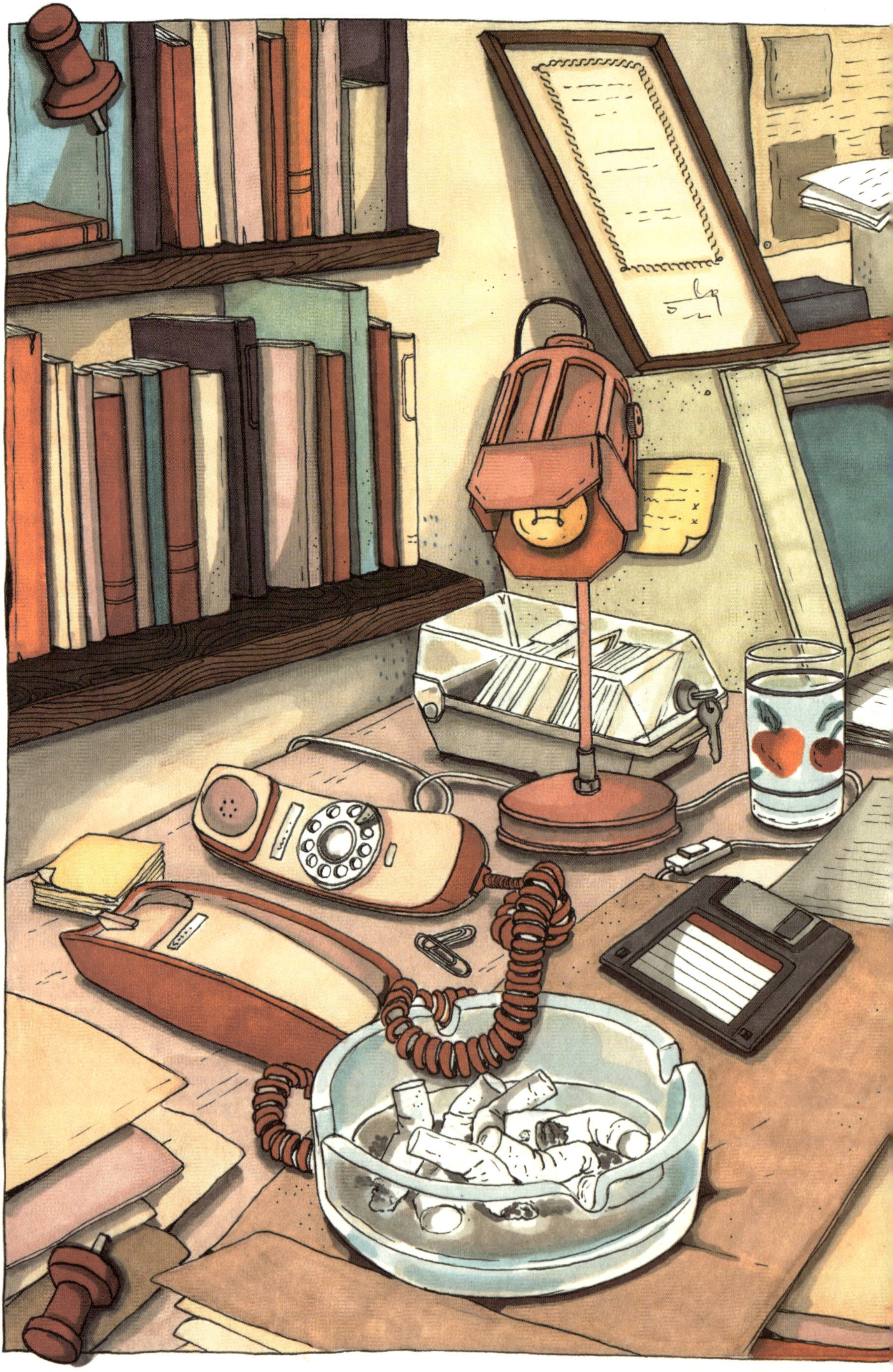

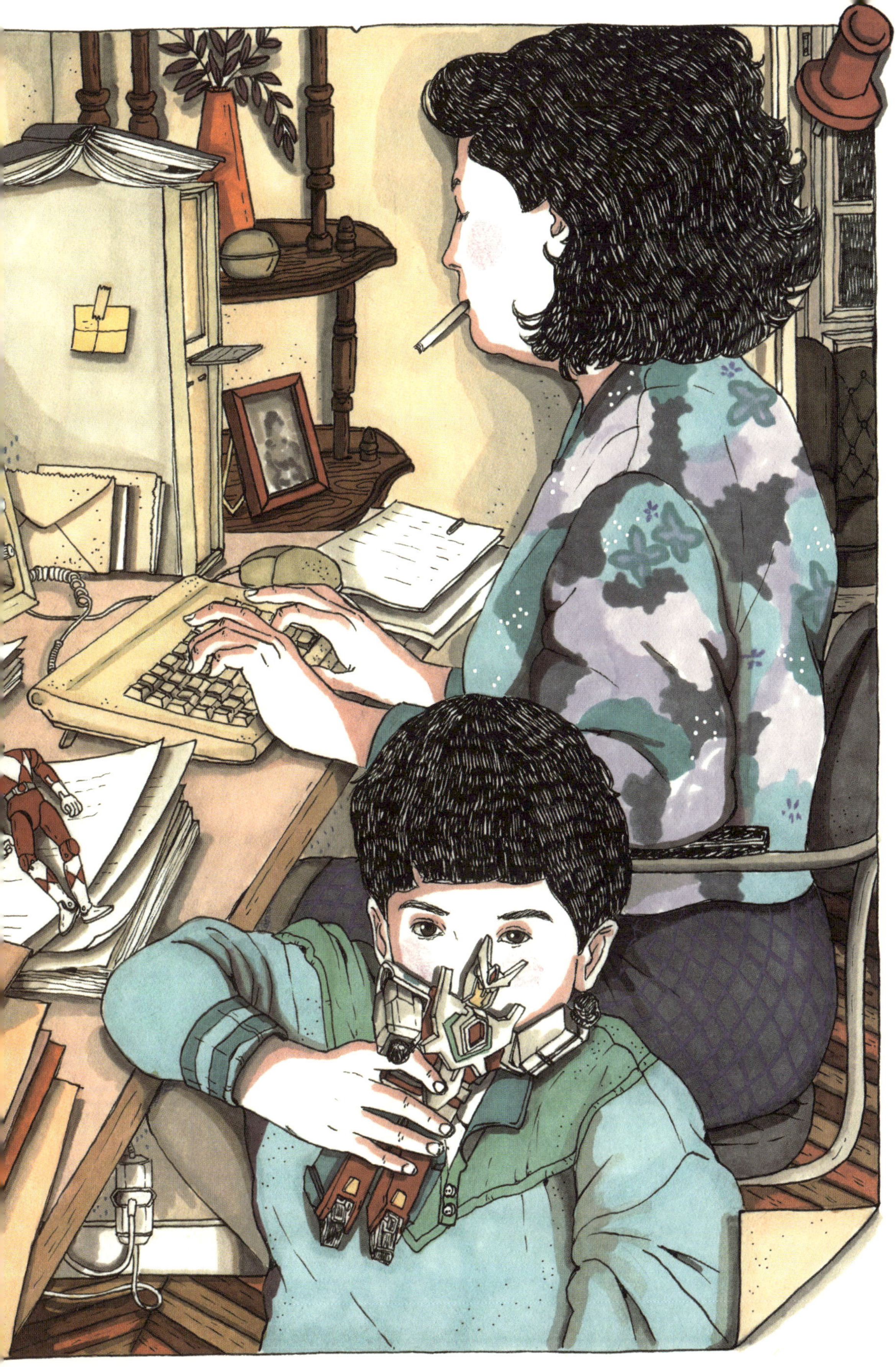

preguntarle por una cuestión todavía más importante: por la vida. «¿Me estoy equivocando, compañera?».

Hoy es 8 de marzo de 2023, he pasado parte del día cerca de Luis García Montero. Porque me invitó a leer una semblanza literaria sobre María Lejárraga con motivo de la entrega de su legado a la Caja de las Letras del Instituto Cervantes. Después, hemos ido a la manifestación del Día de la Mujer. Le he dicho: «Luis, tengo que hablar contigo de Almudena».

Empezar hoy este libro tiene para mí un significado. Porque hoy, más que nunca, tenemos un empeño, una vocación de justicia. Estamos rescatando las páginas de las mujeres que escribieron antes que nosotras. Fueron muchos los nombres y, sobre ellas, están cerradas numerosas puertas que debemos ir abriendo. Me refiero a las extraídas de la excelencia, silenciadas en la historia de la literatura. Las abuelas de nuestras letras. Pero no podemos dejarnos, si bien muchas no necesitan ser rescatadas de ninguna parte porque son muy leídas y muy queridas, a las madres. Esa generación que nació en dictadura y bregó con la escritura ya en tiempos de libertad, pero sin conseguir la pertenencia al canon, a lo excelente, a las críticas que nombran a un libro obra maestra. Todavía rebajadas en las calificaciones del oficio, siempre en agravio comparativo con los autores.

Yo conviví con Almudena Grandes en este país, en esta ciudad que hoy hemos atravesado entre gritos de igualdad y batucada, pude leer sus novelas casi a la vez que las iba publicando, la escuché opinar de casi todo y tuve la suerte de acercarme a ella en sus últimos años. Me ayudó a entender la realidad con su punto de vista infatigable, crítico. No hay nada que salvar aquí. Las lectoras y los lectores de Almudena la hicieron libre, como ella se empeñaba en decir. Pero sí quiero reconocerla como parte de nuestra raíz. De nuestro aprendizaje. Porque antes ella estuvo ahí, hablando de nosotras, con una inteligencia y una forma apasionada y procaz de entender la escritura. Ella escribió de todos los temas que quiso escribir. Nos escribió y nos describió.

Este libro que vas a leer es el único agradecimiento posible que puedo devolverle. Por su amistad. Por su compromiso político también. Pero, sobre todo, por su literatura. Y solo yo sé que, en realidad, en este extraño momento de mi vida, es una más de las muchas generosidades que ella tuvo conmigo.

Ahora sí: gracias, Almudena.
Lo importante son los libros.
A tu memoria.

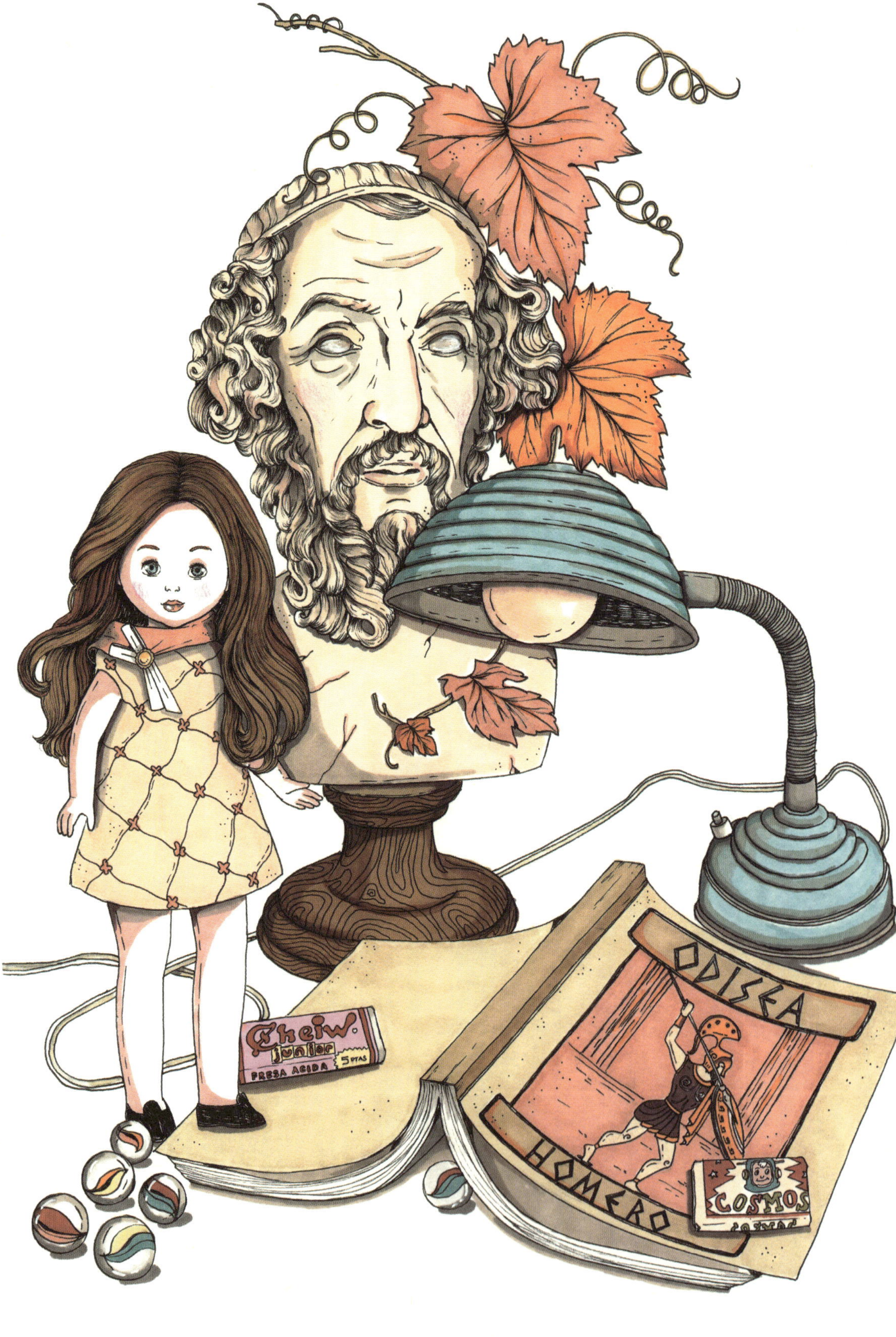
Cheiw
junior
FRESA ACIDA
5 PTAS
ODISEA
HOMERO
COSMOS

La niña que leía a Homero

Hasta el siglo XIX, cuando no se sabía hacer hielo, se bajaba nieve prensada de la sierra de Guadarrama a Madrid. Los pozos de nieve estaban en el barrio de Maravillas, hoy Malasaña. La glorieta de Bilbao se llamaba entonces Puerta de los Pozos de Nieve. A su alrededor crecieron heladerías y puestos de refrescos. Así que el barrio se fue llenando de pequeños comercios improvisados en los zaguanes de los edificios cercanos. Y Malasaña dio su primer paso hacia la zona de encuentro y llena de vida que ha sido desde entonces.

Casi en la glorieta de Bilbao, nace la calle Churruca. Es una vía breve, que comienza en la plaza de Barceló y termina en el bulevar de Sagasta. En esa calle vivió el poeta Manuel Machado desde 1917 hasta su muerte, en 1947. Y, en los años sesenta, a los balcones de su número 25 se asomó una niña curiosa y muy morena. Allí pasó sus primeros años Almudena Grandes con sus padres y sus hermanos: Manuel y Gonzalo. Faltaba Mónica, que nació en 1971, cuando ya no vivían ahí. Mónica, Luli para la familia, era once años menor que Almudena, y también fue su ahijada. Sus hermanos recuerdan la casa como un pasillo infinito y oscuro en el que desembocaban todas las habitaciones. La primera, la de Almudena, con una litera. Solo el salón tenía balcones a la calle.

La glorieta de Bilbao fue para Almudena el punto concéntrico de su biografía, allí estaba su Ítaca:

> Si marcara en la ciudad todas las casas en las que he vivido, el resultado sería un círculo casi perfecto. Desde que a los diez años mis padres me lleva-

ron a vivir a un barrio residencial, casi desolado, hasta cuando por fin pude mudarme a una calle paralela a la que tuve que abandonar entonces, la trayectoria geográfica de mi vida ha dibujado un lento y trabajoso regreso hacia el comienzo.

Las tres casas importantes de Almudena, Fuencarral, la casa de sus abuelos, Churruca y Larra, donde vivió con Luis García Montero y sus hijos, están en tres calles paralelas y el recorrido completo de una a otra apenas llega a los cinco minutos.

El argumento de buena parte de la literatura no es más que un regreso a casa, al origen, sea este geográfico o sentimental. Un hombre o una mujer desarmados, derrotados o victoriosos, que quieren regresar y no pueden. A veces, porque no saben cómo volver; a veces, porque no se lo permiten. La *Odisea* de Homero fue el libro más importante de la intensa vida lectora de Almudena. Me pregunto si no llevamos repitiendo y reescribiendo la peripecia de Ulises desde hace milenios.

A principios del siglo XX, un arriero llega a Madrid desde Soto en Cameros, en La Rioja. Viene caminando junto a su mula, a la que no quiere cansar porque es su única pertenencia de valor, y se instala en una calle que une Fuencarral con la plaza del Dos de Mayo, la calle Velarde, que unas cuantas décadas después sería la calle más insurgente y rockera de la ciudad. Cuenta la historia que, en el siglo XVIII, desde uno de sus balcones disparó contra los franceses Jean Malesangre, panadero de origen francés y padre de la revolucionaria Manuela Malasaña.

El arriero se ha marchado dejando atrás a una novia del llano, Visitación, que es de Salvatierra, en Álava. Que Visi fuera del llano era un problema. «Los de la sierra con los de la sierra», le había dicho su padre. Una vez en Madrid, el hombre vende al animal, que ha llegado ileso, y se hace fontanero. Este hombre se llamaba Moisés Grandes, era el bisabuelo de Almudena y, casi cien años después, a su leyenda dedicaría la escritora *Malena es un nombre de tango*.

Cuando Moisés ya está instalado, se trae a Visi. En 1905 nace Manuel, el primer hijo de los tres que tuvieron. Los dos abuelos de

CALLE DE VELARDE
Almudena Grandes
MALENA ES UN NOMBRE DE TANGO
LA ODISEA
1562
CALLE DE LOPE DE VEGA
POEMAS

Almudena tenían el mismo nombre: Manuel Grandes y Manuel Hernández, pero todos los abuelos que aparecen en sus novelas son Manolo Grandes, el abuelo paterno, el primer hombre importante en la vida de la escritora, una influencia personal y literaria crucial. Y, por supuesto, todas las nietas de sus novelas tienen algo de Almudena. En *Malena*, el abuelo, un hombre enigmático y serio, atractivo y con una doble vida, se desarma frente a la nieta y le entrega en secreto un tesoro, una esmeralda antigua muy valiosa que salvará a Malena cuando se encuentre en problemas. En *El lector de Julio Verne*, Almudena le pone al abuelo de Nino, el protagonista, el nombre de Manuel, y lo convierte en un anarquista fusilado, el Carajita. Años después, así se llama también el hombre con el que huye Teresa, la abuela de Álvaro, en *El corazón helado*.

El abuelo Manolo heredó el oficio de su padre e hizo crecer el negocio de la fontanería. Y fue poeta aficionado. A él le oyó la escritora los primeros versos de su vida. Pero, sobre todo, aquel hombre hacía algo que Almudena supuso que hacían todos los abuelos y que, sin embargo, después descubrió que era excepcional: la escuchaba.

Como los abuelos paternos vivían muy cerca de su casa, en el 92 de la calle Fuencarral, en un edificio que decía la escritora que podía confundirse con el escenario de las novelas madrileñas de Galdós, tenían mucha relación con ellos, y Almudena y Manolo daban largos paseos por la ciudad, pero también por la sierra, por Becerril, donde la familia tenía una casa de verano y convivían todos juntos.

Recuerda Almudena que su abuelo le hacía preguntas: «¿Qué piensas de Hernán Cortés, Almudena?», «¿Qué te parece que se talen los pinos?». Y ella respondía. Y el abuelo escuchaba y repreguntaba. Conversaban. Y el hombre se tomaba en serio a la niña. La debilidad que sentían el uno por el otro era recíproca.

Almudena fue la primera nieta, la primera sobrina, la primera hija de sus padres. Y era una niña brillante, simpática y graciosa. Dice su tía Lola, hermana de su padre, catorce años mayor que ella y de la que siempre sería muy amiga, que era una niña entrañable: «Para comérsela».

Los fines de semana, mientras las mujeres se sentaban alrededor de la mesa camilla de la casa de Fuencarral a charlar en susurros y los hombres veían el partido, a los niños de los Grandes los mandaban a dibujar a otra habitación. Sus hermanos pintaban casas y cercas, nubes y niños montando a caballo. Pero a Almudena, que intentaba imitarlos, se le daba mal el dibujo y se aburría. Así que una de las mujeres de la familia, su madre, su abuela o su tía abuela Charo, le dijo: «¿Y por qué no escribes, si te gusta tanto leer?». La niña aceptó la sugerencia y comenzó a escribir un cuento que duraba los noventa minutos que duraba el partido, y que nunca terminaría porque lo retomaba cada fin de semana, una y otra vez, corrigiéndolo, reescribiéndolo, empezando de nuevo. «Ya era una novelista insoportablemente neurótica», confesó en una ocasión. Almudena decía que el fútbol la hizo escritora, que fue una niña afanada y sola en la redacción, que así comenzó a ajustar cuentas con el mundo y el destino.

Almudena fue al colegio de niñas Paraíso, de los Sagrados Corazones, en la calle Padre Damián, cerca de la plaza de Cuzco. Llevaba un uniforme horrible, recuerdan sus hermanos, marrón y con un babi encima de rayas también marrones. Las llamaban «las lentejas». Contó muchas veces la escritora que en las funciones del colegio a ella nunca la elegían para hacer de angelito en el belén: «Me tocaba siempre ser árbol o Baltasar, según las necesidades». En los libros encontró otras maneras de habitar personajes y de escapar de la realidad.

Con ocho años, cuando iba a hacer la primera comunión, Almudena pidió un tutú de regalo, aunque ella decía que sabía que no le convenía: «Yo era una niña gordita, muy morena y peluda», solía recordar. Pero su abuelo Manolo eligió otra cosa: una edición juvenil y en prosa de la *Odisea*. Almudena se sintió un poco decepcionada, pero abrió el libro y se puso a leer. Y ese día algo cambió para siempre: «Por primera vez leí en primera persona del plural».

Las buenas novelas, los textos que son honestos con la palabra, da igual de lo que nos hablen, siempre nos cuentan lo nuestro. Por eso, uno se reconoce en un verso ajeno que se le clava de pronto en un lugar de la memoria nunca pisado antes. Por eso, somos capaces de navegar junto a un héroe griego que vuelve a casa tras la guerra.

Ulises y Almudena se ataron juntos a un mástil. Ulises y Almudena pasaron entre los monstruos marinos Escila y Caribdis. Ulises y Almudena dejaron ciego a Polifemo. Ulises y Almudena gritaron que no eran nadie. Ulises y Almudena regresaron a Ítaca y tensaron el arco para matar a todos los pretendientes de Penélope.

Así lo contaba ella:

> Ulises es imperfecto, no tiene atributos extraordinarios, ha ganado una guerra y, sin embargo, la ha perdido. Porque ha perdido el camino, ha perdido su destino. Por eso, Joyce no escribió *Aquiles*, ni *Héctor*. Héctor es el héroe más admirable de la *Ilíada*. Es justo, es sabio, es leal, es amante, es admirable. Pero Joyce solo pudo escribir *Ulises*, eso da medida de su modernidad. Los héroes que me interesan son los que tienen miedo y dudan y se equivocan, que no tienen vocación de héroes, que están atrapados. Son héroes contra su voluntad.

Esos héroes seguirían para siempre junto a Almudena, en forma de libros como *Robinson Crusoe* de Daniel Defoe, leído también en casa del abuelo, y tantas otras novelas de aventuras de Julio Verne o de Robert L. Stevenson, forjando a la adolescente, a la lectora, y más tarde vivirían en buena parte de sus novelas. Con once años, Almudena ganó su primer concurso de redacción y llegó a casa feliz. La imaginación se estaba entrenando. La habitación que tuvo en su segunda casa, en el Parque de las Avenidas, un barrio familiar que por aquel entonces estaba en las afueras de Madrid, compartía terraza con Gonzalo y Manuel, que dormían juntos. Almudena inventaba historias y películas y las declamaba en voz alta. Sus hermanos la escuchaban a través de la pared o la espiaban por la ventana y se reían: «Callaos, imbéciles. ¡Dejadme en paz!», les gritaba.

Los padres de Almudena se llamaban Benita y Manuel y se conocieron porque los dos veraneaban en ese pueblo de la sierra madrileña, Becerril. Benita Hernández, Moni para la familia, nacida en 1935, era una mujer muy guapa, alta para la época, divertida, que cantaba y cocinaba más que bien, «una madre profesional, una madre fantástica,

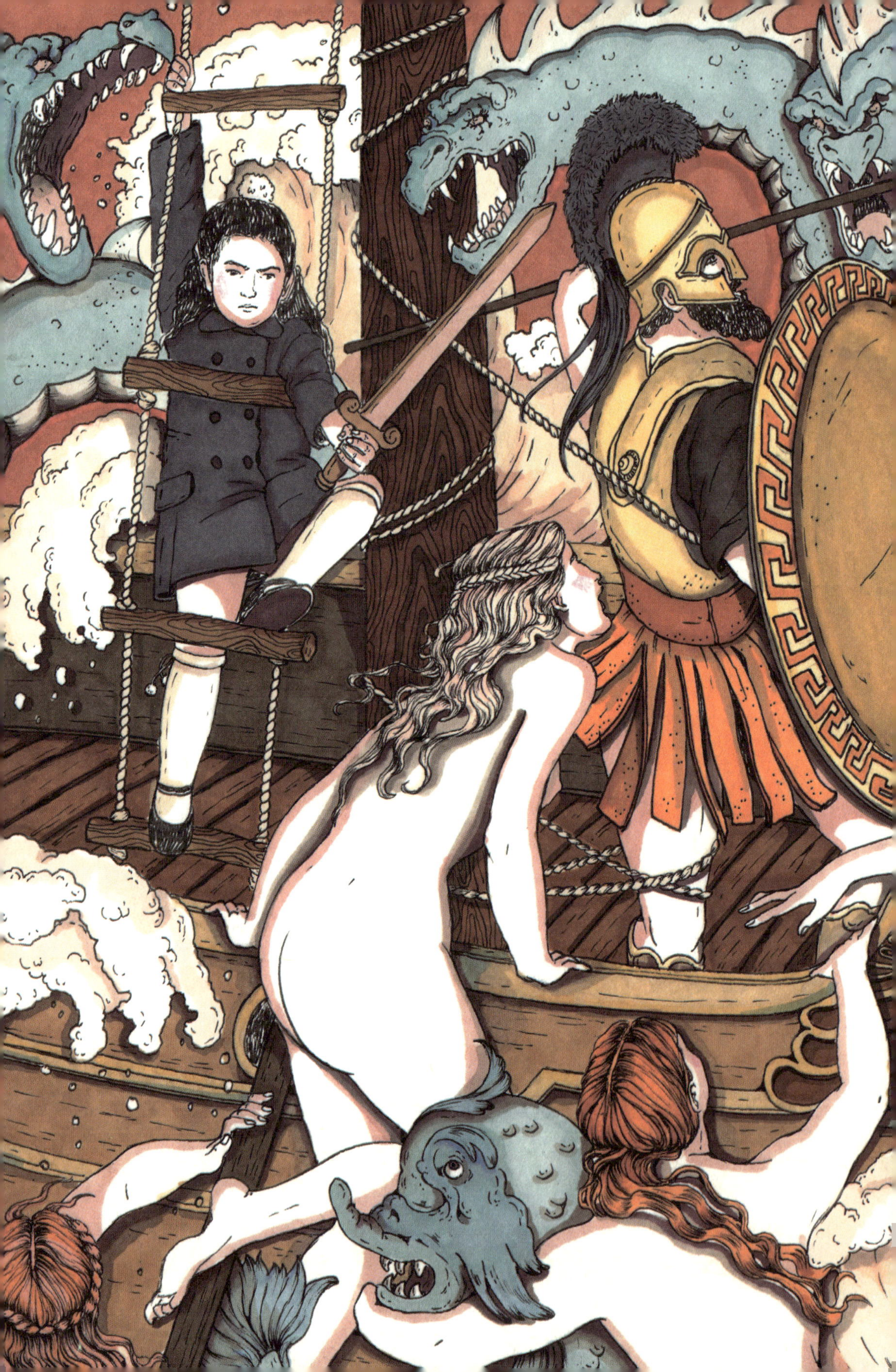

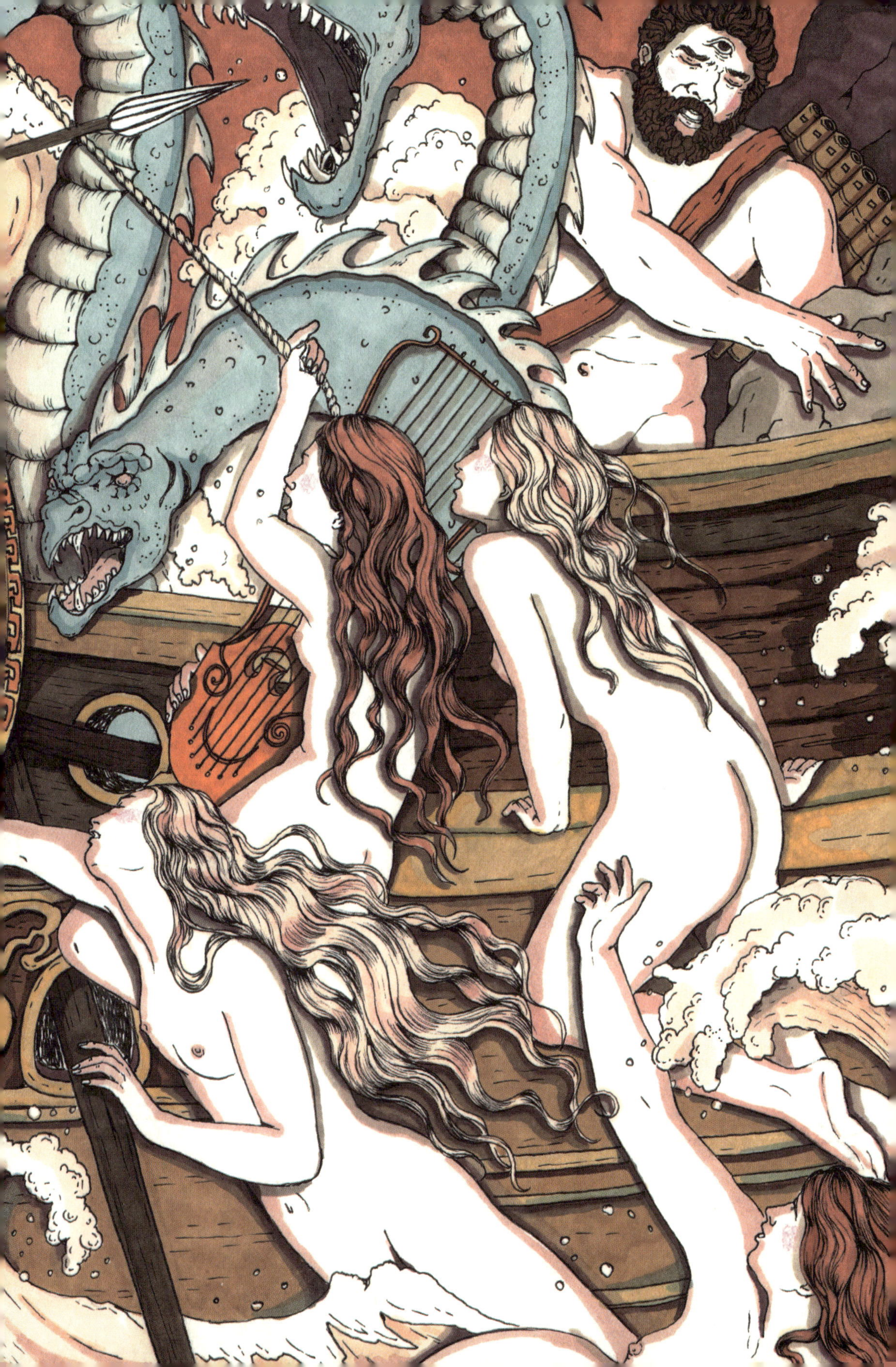

físicamente muy parecida a mí, con mucha personalidad», explicaba en una entrevista en la radio sobre su infancia. Era la penúltima de ocho hermanos. Su familia vivía en el barrio de las Letras, en la calle Lope de Vega, al otro lado de la Gran Vía. Eran muchos, con decenas de primos. El padre de Benita había llegado a comandante durante la guerra, pero dejó el ejército y se dedicó a los negocios.

Benita llevaba siempre un moño que estaba hecho con pelo de Almudena y que conserva uno de los hermanos de la escritora. Encarnaba a la madre de aquellos años y vivía en su rol. Educada en el franquismo, representaba para su hija todos los valores femeninos que ella rechazaría después. Benita era el último modelo de mujer al que Almudena querría parecerse. «A mí me educaron para ser una señora, y nunca he sido una señora». No se llevaron mal, más allá de las fricciones que una tiene siempre con su madre. Si casi todas las mujeres de la generación de la escritora llegaron a reconciliarse con las madres de la dictadura con el paso del tiempo, comprendiendo la crudeza del contexto y la exigencia que el machismo del nacionalcatolicismo imponía, Almudena contaba que ella no pudo. Benita murió con cuarenta y siete años; Almudena tenía solo veintidós. No hubo tiempo.

Almudena recordaba muy bien cómo de niña ayudaba a su madre en la cocina. Benita le permitía picar cebollas, patatas, pelar los huevos duros y otras tareas pequeñas. Cuando tenía doce años, mientras cocinaban, mantuvieron una conversación que se le quedó grabada para siempre y que relató muchas veces. Sobre la mesa había un ejemplar de la revista *¡Hola!* Allí, en una de sus páginas, aparecía Joséphine Baker, una artista de variedades que en los años veinte había bailado en Madrid vestida solamente con una falda de plátanos. A Almudena le pareció sorprendente y preguntó a su madre quién era esa mujer. Benita le explicó que Joséphine Baker era bailarina y que Paca, la abuela de Almudena, la había visto actuar en un teatro. Almudena no podía creerlo. Cómo podía ser que su abuela hubiera visto bailar a una mujer desnuda en Madrid, esa ciudad gris y encorsetada que ahora habitaban. Ese día, Almudena comprendió que el progreso no es una línea recta y que su abuela había sido más moderna que su madre y que ella. Que España había sido más moderna que España. Y que la historia fluye siempre hacia el futuro, pero no siempre hacia el progreso.

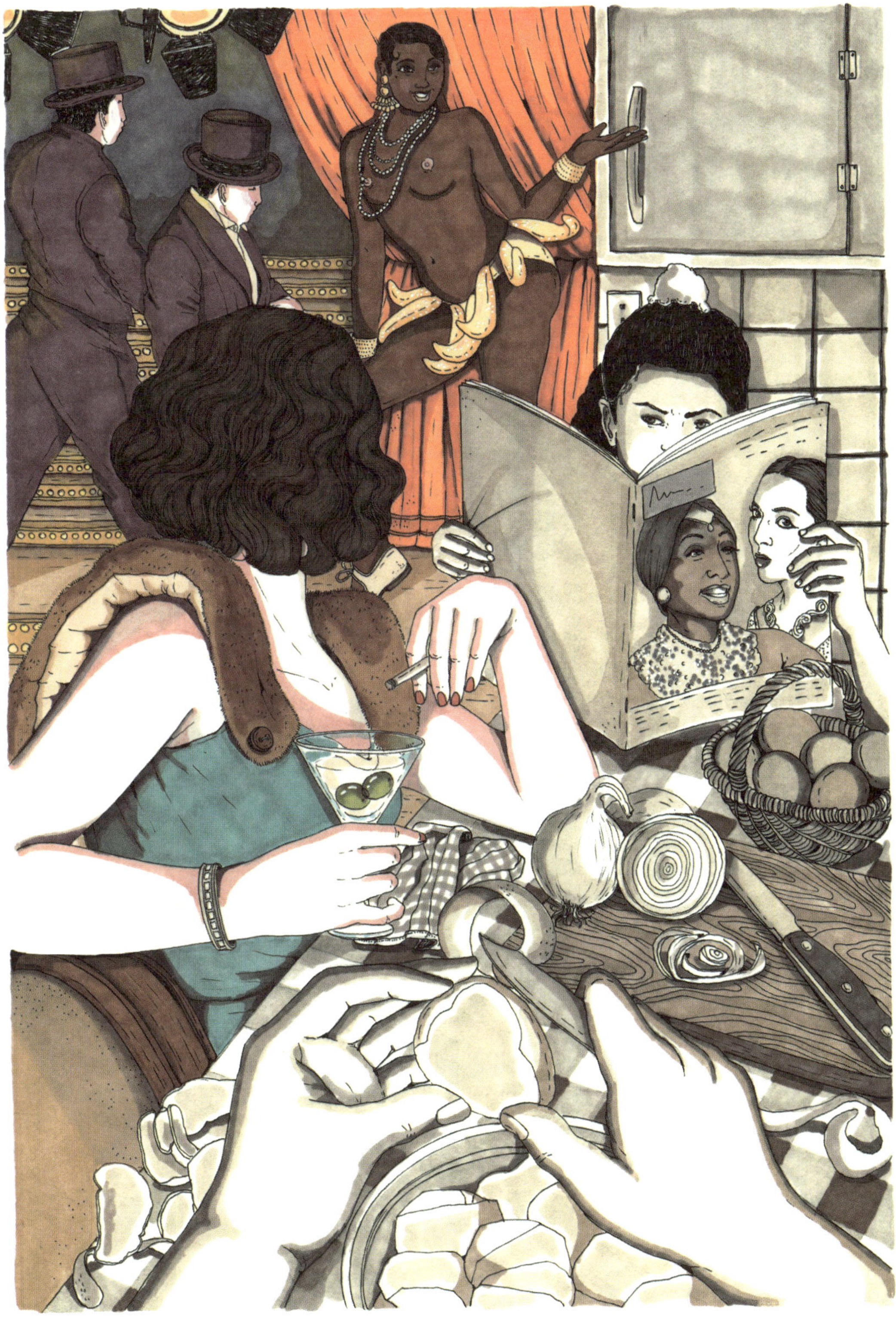

Su padre heredó del abuelo el oficio, la fontanería, y la afición a la poesía. «A él le gustaba decir que era fontanero, pero era empresario, tenía una empresa de fontanería para obras». Y también le gustaba decir que era poeta, y es cierto que fue así. Por las referencias familiares que he escuchado, no llego a saber si sería bueno o malo, y porque él mismo se publicaba los libros para regalarlos a la familia y a los amigos. Hasta sus últimos años, Manuel Grandes no dejó de autoeditarse poemarios que a la escritora le daba pudor leer por su contenido. Era un hombre muy guapo, simpático, alto, moreno, de ojos hondos, un seductor. Decía Almudena que madurar, para ella, fue aceptar que quería a su padre. Como fuera, era su padre. Manuel, «un encantador de serpientes», en palabras de Almudena, le dio algunos disgustos a su madre. Se casó tres veces. La segunda a los pocos meses de morir Benita. Y, a los pocos meses también, se separó. Almudena vivió toda su vida enamorada de él, me dicen, y él de ella, de la presencia o la ausencia imponente de su padre, como tantas otras mujeres, que los hemos querido pese a todo, bajo la larga sombra que han proyectado sobre nuestros días de niñez.

La infancia son también los libros que nos atravesaron por primera vez y nos enseñaron a entender el mundo, las canciones que no podemos escuchar sin recordar la voz de abrazo de nuestra madre, los veranos eternos. Todo aquello que permanece el resto de la vida porque nos devuelve intactos a los que se marcharon de nuestro lado. Hay dos cosas que Almudena nunca más pudo hacer sin emocionarse: tararear un villancico popular andaluz que le cantaba Benita y recitar el poema de los lagartos, de Federico García Lorca, que le leía su abuelo Manolo, su valiosa piedra verde.

> *Un cielo grande y sin gente*
> *monta en su globo a los pájaros.*
> *El sol, capitán redondo,*
> *lleva un chaleco de raso.*
> *¡Miradlos qué viejos son!*
> *¡Qué viejos son los lagartos!*
> *¡Ay, cómo lloran y lloran!*
> *¡Ay, ay, cómo están llorando!*

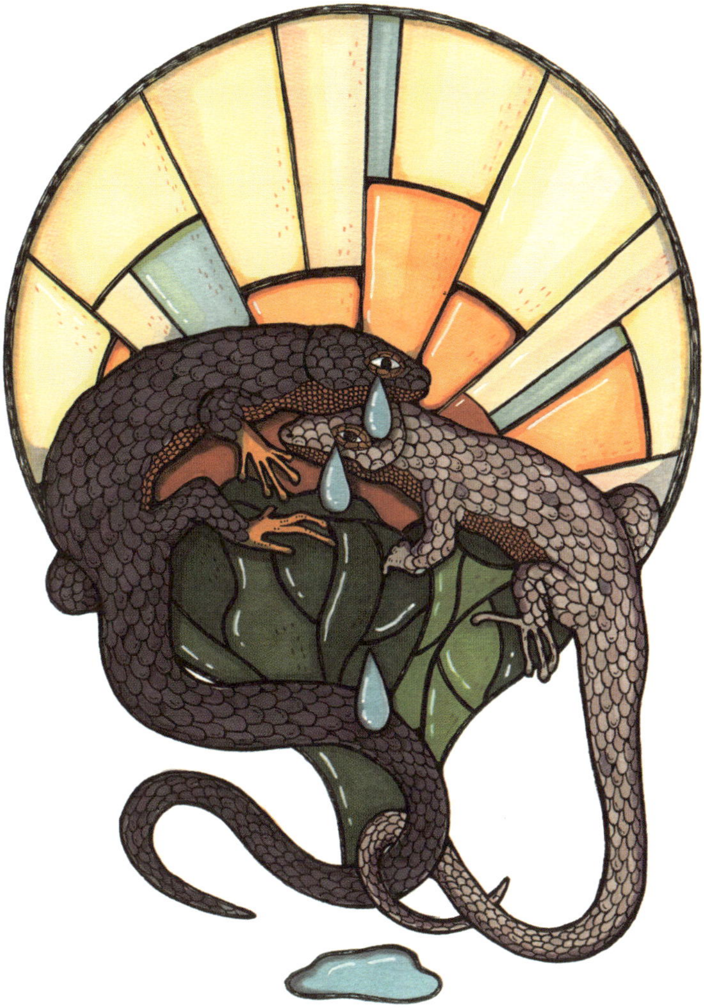

Yo me bajo en Atocha – Almudena Grandes

«Yo soy una resistente nata, igual que Madrid». A los madrileños y madrileñas, a los que tenemos recuerdos de infancia en esta ciudad difícil, desordenada, radical e imprevisible, Madrid nos mata como a nadie. Pero también Madrid nos abraza con más fuerza que a ninguno, y no nos suelta tan fácilmente. Aquí, donde se cruzan los caminos, hemos dado paseos agarrados a la mano de nuestra madre millones de niños, hemos botado nuestra pelota en sus plazoletas, entendemos que el centro es una región muy concreta de las calles del Centro, hemos abierto la boca ante el escaparate de la tienda de muñecas de la Gran Vía, hemos perdido las tardes con nuestras abuelas buscando un botón en Pontejos, hemos visto películas de estreno en el Palacio de la Música, hemos bailado en la Pradera vestidos de chulapos sin reconocernos en la tradición. Madrid es nuestro escenario, contiene nuestras coordenadas biográficas, y la hemos visto caer y levantarse mil veces. Aquí hemos crecido y no tenemos vocación de huida porque no concebimos un lugar al que regresar cuando su prisa nos demanda más y más vida.

Almudena quería y entendía a Madrid como pocos. Y así la escribió. A su rebeldía y a su revolución. A sus traiciones y a su descaro. A su grito infinito e infinitamente desoído de «No pasarán». Trazó un mapa literario y biográfico en su callejero. Un mapa cuyo corazón reside en el viejo barrio de Maravillas.

La literatura: calle Moreto, donde va Lulú con Pablo aquella primera noche; General Martínez Campos con Zurbano, la casa de los abuelos de Malena; Velázquez, 12, el edificio donde vive Sara de niña con su madrina, la protagonista de *Los aires difíciles*; la cárcel de Porlier, que aparece en *Las tres bodas de Manolita*, y el almacén de semillas de la calle Hortaleza, hoy convertido en una óptica pero que conserva su esencia; el manicomio de Ciempozuelos, cuando el franquismo vive su etapa más dura narrada en *La madre de Frankenstein*; la Casa de las Flores, en Argüelles, donde vive Rita, la hermana del doctor García; las Vistillas, ese jardín con vistas a la sierra al que sueña con volver el abuelo de la protagonista de *El corazón helado*.

Y la vida: calle Churruca, 25, su casa de la infancia; mercado de Barceló, donde compraba Almudena y que da título a su primera recopilación de artículos; Fuencarral, 92, la casa de sus abuelos; Santa Isabel, 19, que aparece en el poema «La ciudad de agosto», de Luis García Montero, y en *Las tres bodas de Manolita*; Acuerdo con Alberto Aguilera, la primera casa con Luis; algunos de los bares de Malasaña que Almudena frecuentaba en la Movida; la Feria del Libro, el lugar de la felicidad; calle Larra, última casa de la escritora. Cementerio Civil de Madrid.

Uno de los textos más hermosos y afilados sobre Madrid lo declamó Almudena en el balcón de la Casa de la Villa, en la primavera de 2018, como pregonera de las fiestas de San Isidro. Aquel pregón arrancaba diciendo que nadie en su familia había llegado tan lejos con la ciudad desde que, en 1932, su tía abuela Camila Rodríguez fue elegida miss Chamberí en la verbena del Carmen.

> Hemos cambiado mucho y no hemos cambiado nada. Ahora somos más variados, más altos. Yo creo que también más guapos, porque hay madrileñas con ojos rasgados, madrileños con la piel de ébano, chulapos andinos, chulaponas eslavas, chilabas, turbantes, túnicas de todos los colores, ecos de lenguas imposibles y bellísimas en los vagones del metro. Ellos, ellas somos nosotros, nosotros somos todos, y todos somos Madrid, una ciudad enamorada de la felicidad.

Hoy, Almudena es hija predilecta de Madrid. Hoy, se multiplican los homenajes que la ciudad le rinde en forma de calles, clubes de lectura que llevan su nombre, bibliotecas. Hoy, la canción de Sabina «Yo me bajo en Atocha» tendría un colofón que estoy segura de que el cantautor consiente. Desde 2023, la antigua estación del Mediodía, que aparece en varias de sus novelas, se llama estación Puerta de Atocha-Almudena Grandes. Y a muchos nos da un escalofrío cada vez que los trenes nos devuelven cansados y felices a su corazón centrífugo. Cada vez que volvemos a nuestra Ítaca, a casa.

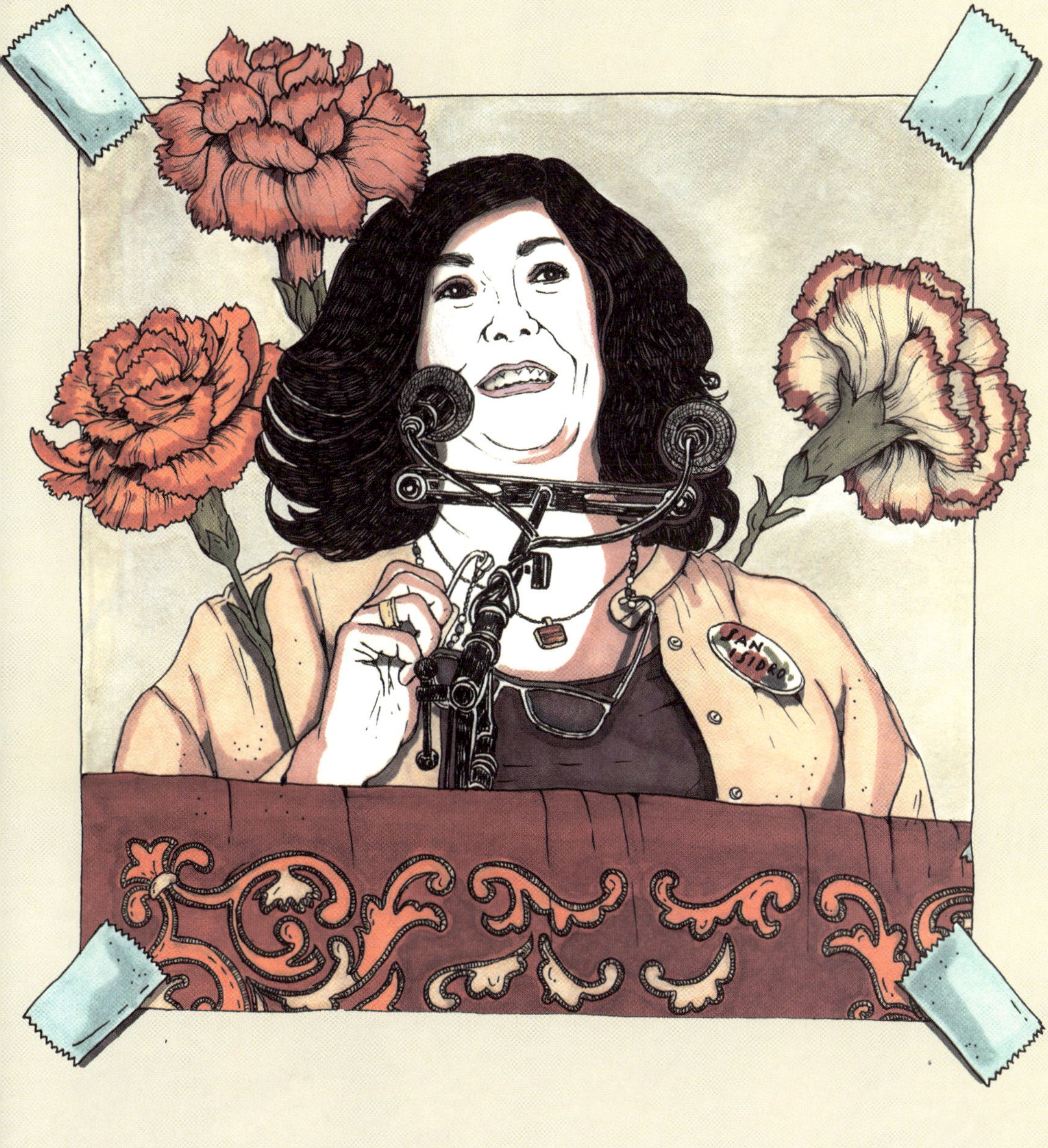
SAN ISIDRO

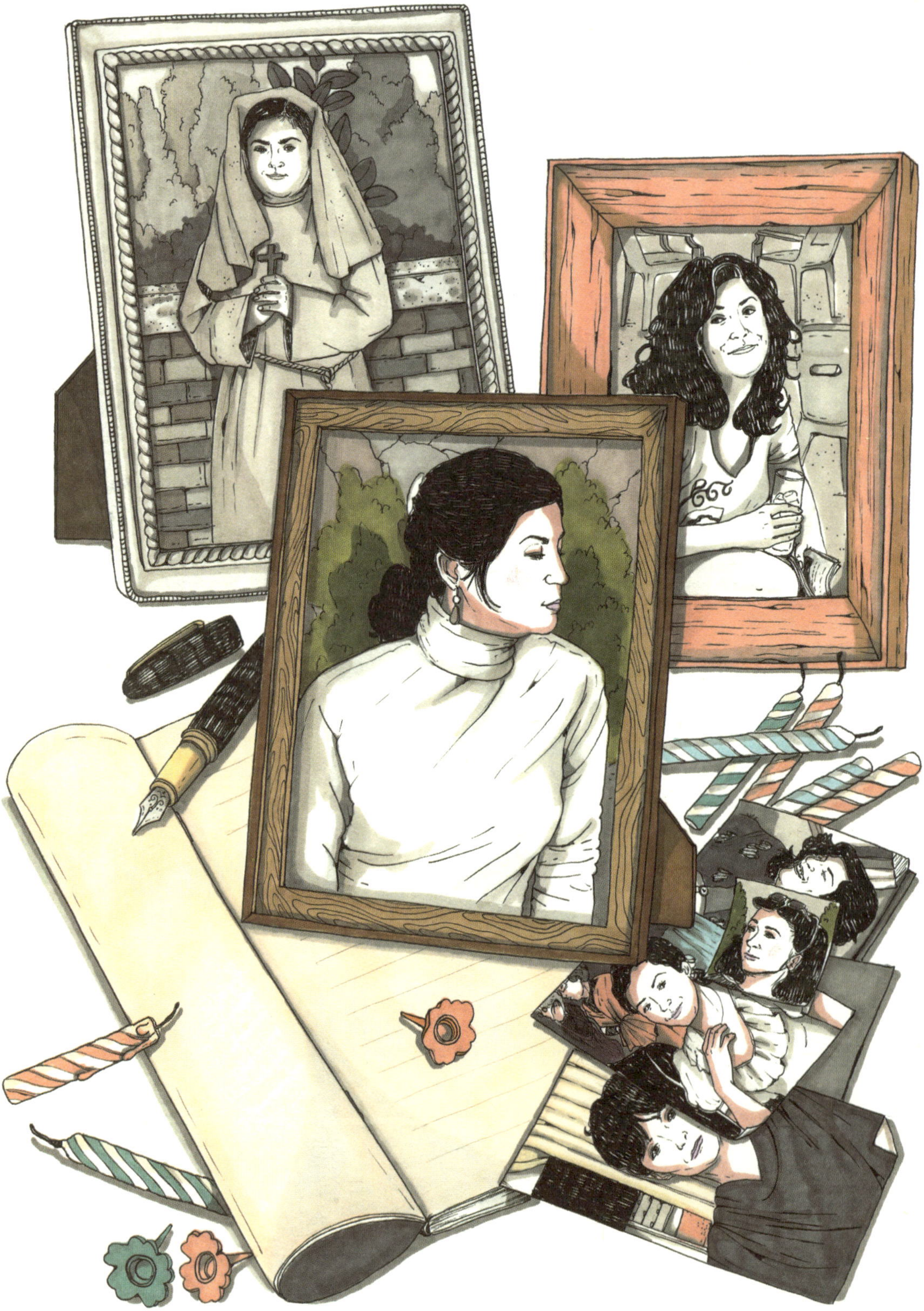

Las edades de Almudena

De todo lo que le he escuchado decir a Almudena, recuerdo especialmente unas declaraciones de 1992 en las que respondía a cómo había escrito *Las edades de Lulú*. Decía: «Fue una época asfixiante. Me levantaba sobre las cinco de la mañana y escribía hasta las ocho. Llevaba a mi hijo al colegio y me marchaba a trabajar». Almudena tenía veintiocho años, Mauro, su primer hijo, apenas cuatro o cinco. Y las recuerdo con frecuencia porque esas son exactamente las horas a las que escribo yo y a las que escribimos tantas.

La vida nos pasa veloz por los ojos, por las manos, y va llenándose, como una despensa, de alegrías y también de daños, de impresiones y de sueños cumplidos o rotos. Las conversaciones, los viajes, las tardes de colegio, las lecturas, las madrugadas fuera de casa, las anécdotas cazadas al vuelo, la marca que nos dejan algunos cuerpos que, siendo insignificantes, se acaban transformando en palabras. Por eso, quienes conocen bien a los que escribimos, entienden los libros de otra manera. No quiere decir mejor, solo diferente. Nos encuentran, sienten pudor, orgullo a veces, descifran la imaginación y son capaces de quitarnos ese disfraz que se llama literatura. Ella también estaba, por supuesto, en sus ficciones. Sabía que no se puede escribir novelas sin vivir. Y que la literatura tiene que ver, sobre todo, con la vida y con lo que se ha perdido.

La gente más cercana a Almudena es capaz de ver, aparte de los guiños que hacía en sus libros a través de nombres, direcciones o diálogos que fueron reales, los afectos de la escritora. Después de estos meses de relectura y de conversaciones, yo también empiezo a descubrirlos y a tender un hilo entre unos personajes y otros. Lo último que quisiera es traicionar la memoria de alguien que siempre apostó por una ficción, si puede llamarse así, pura. No se trata aquí de desmenuzar la anécdota porque, en realidad, da igual a partir de qué material y cuáles son las medidas sobre las que se levanta una buena historia.

Para Azucena Rodríguez, la Rubia, directora de cine y amiga íntima de Almudena, todas las mujeres de sus novelas tienen algo de ella. También le pasa a su hija pequeña, Elisa, quien al leer algunos de sus libros es incapaz de desprenderse de lo que ella reconoce como parte de la forma de ser de su madre o de quienes la rodeaban. Lo sabe Ángeles Aguilera, otra amiga muy querida, que se daba cuenta de cuándo la escritora estaba poniendo a funcionar las máquinas en medio de una conversación: «Le estabas contando algo y sabías perfectamente que le estaba interesando para escribir, que estaba convirtiendo a alguien en personaje». Almudena lo advertía: «Cuidado conmigo, que luego vienen los disgustos». Y, cuando le pregunto a Irene, su hija mayor, qué relación tiene ella con la literatura de Almudena, me da una lección al responder que no es posible que ella tenga ninguna relación con sus novelas, porque Almudena era familia.

Almudena Grandes LAS EDADES DE LULÚ
Almudena Grandes LAS EDADES DE LULÚ
ALFAGUARA
897
730/3
730/4
Grandes / LOS PACIENTES DEL DOCTOR GARCÍA
AROA MORENO DURÁN
LA HIJA DEL COMUNISTA
MESA

En una conferencia explicaba: «Cuando digo que *Las edades de Lulú* no es autobiográfica se siente una especie de suspiro de decepción en los lectores». Ella escribió primero sobre el mundo que conocía, de su niñez y su juventud, de Madrid, de los conflictos ideológicos, sexuales, sentimentales o morales de su generación. «Eso es importante y lo que le da un carácter verdadero a lo que uno escribe. Pero lo que menos importa, si se refieren a los pequeños hechos de los personajes, es que eso sea autobiográfico».

Así que Almudena no fue Lulú, aunque Lulú tuviera mucho de Almudena. Aunque tuvieran mucho de Almudena cada uno de los personajes de sus libros. A España le venía muy bien que lo hubiera sido. El 31 de enero de 1989, el diario *El País* titulaba: «Una madrileña de veintiocho años, ganadora del Premio La Sonrisa Vertical». Una madrileña, sin nombre. En los años ochenta, una mujer joven y atractiva, arrolladora en la conversación y tan divertida era un revulsivo para las tertulias literarias y el desconcertado canon. Pero ella decidió no ser su personaje y combatió el estereotipo que le quisieron encajar. No quería ser una escritora de literatura erótica, aunque la sensualidad y el amor estarían ya siempre en su escritura, hasta en sus novelas más bélicas. Fue entonces cuando Almudena arriesgó, por primera vez, y se puso de parte de la literatura y de los libros, lo más importante de su vida.

A Almudena se le dieron bien los estudios. Mejor las letras que las ciencias, y cualquier materia mejor que la educación física. Cuando terminó el bachillerato quería estudiar Latín, era lo que más le gustaba, pero se matriculó en Geografía e historia, una carrera «de chicas», como la aconsejó su madre. Se especializó en Prehistoria, la contemporánea le parecía entonces muy vulgar. Su profesión le haría cambiar de opinión décadas después y buscar a esos compañeros que optaron por el siglo XX, convirtiéndose en grandes aliados de su narrativa y ella en una cómplice que acercó la historia a millones de lectores.

La juventud de Almudena fue de lo más normal, decía ella que aburrida, pero no lo parece. Pasar esos años entrando y saliendo de los bares de Malasaña en tiempos de la Movida es poner una pica en Flandes dentro de tu propia biografía. Era asidua a locales como el Penta, La Fídula o La Vía Láctea, al que llamaba «su oficina».

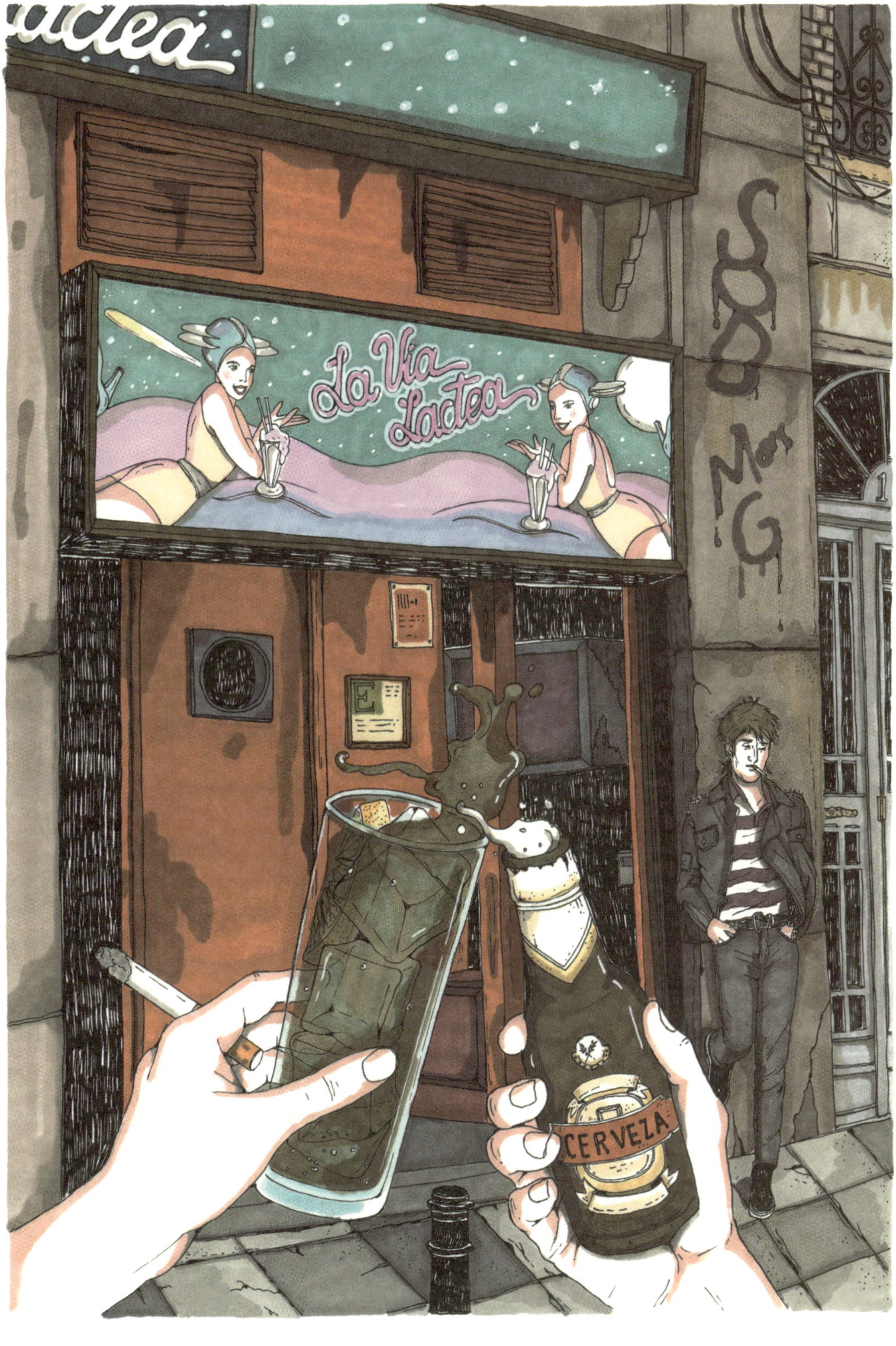
La Vía Lactea
CERVEZA

Fue una joven enamoradiza, muy alegre, atrevida, locuaz, dicen sus hermanos, que quería salir y entrar. Recuerdan también que, una Semana Santa, sus padres se marcharon a Granada y les dijeron que no salieran hasta tarde. Almudena desobedeció, le gustaba un chico del Canoe, un club de natación de Madrid, y se fue a verlo. Sus padres volvieron por sorpresa antes de lo previsto y ella no estaba en casa. Su hermano Manuel la esperó en el balcón y, sobre las doce de la noche, ve que para un taxi y una alegre Almudena baja y lo saluda desde la calle. Él le hace el gesto de «sube ya» y, sobre todo, el de «la que te espera». Almudena reaccionó y tuvo tiempo de inventarse una historia mientras subía a casa. «No te lo vas a creer, mamá». Le contó que su amiga Margarita, que vivía en La Berzosa, se había hecho un esguince, y que la había acompañado en taxi a casa porque no podía caminar. Pero el taxista, «fíjate, mamá», les dice que cambia de zona y que es más caro y ellas no tienen dinero y las deja tiradas. Su madre le responde que va a llamar a casa de Margarita para interesarse por la salud de la chica, y ahí Almudena, que se ha ofrecido a telefonear ella misma, con el teléfono en la mano, claudica: «Bueno, te voy a contar la verdad». Estuvo seis meses castigada. Solo la dejaban ir al fútbol los domingos con la familia.

A finales de los setenta y principios de los ochenta, Almudena se había juntado con un grupo que frecuentaba los bares de Malasaña, en el que estaban Óscar Ladoire, Fernando Trueba y Antonio Resines, entre muchos otros. Esos amigos la invitaron a participar como actriz en una película, *A contratiempo*. Pero en casa no le dieron permiso. Y Almudena fabuló: «Me voy a ver unas excavaciones en Guadalajara, a Recópolis», les dijo a sus padres. Nadie sabe qué pasó en la grabación, pero Almudena, por supuesto, no pudo volver el primer día. Llamó a casa e inventó de nuevo: «No hay forma de ir a Madrid, estamos durmiendo todos en un gimnasio en el pueblo». Cuando por fin regresó, su madre, con esa forma de saberlo todo que tienen las madres, le dijo: «Has hecho la película». Y así había sido. Una jovencísima Almudena interpreta en ese largometraje, dirigido por Óscar Ladoire en 1982, a una especie de arqueóloga ninfómana. Está guapísima. Es otra su voz y otro su gesto. Es una Almudena anterior. Al final, toda la familia fue al estreno en un cine de la Gran Vía.

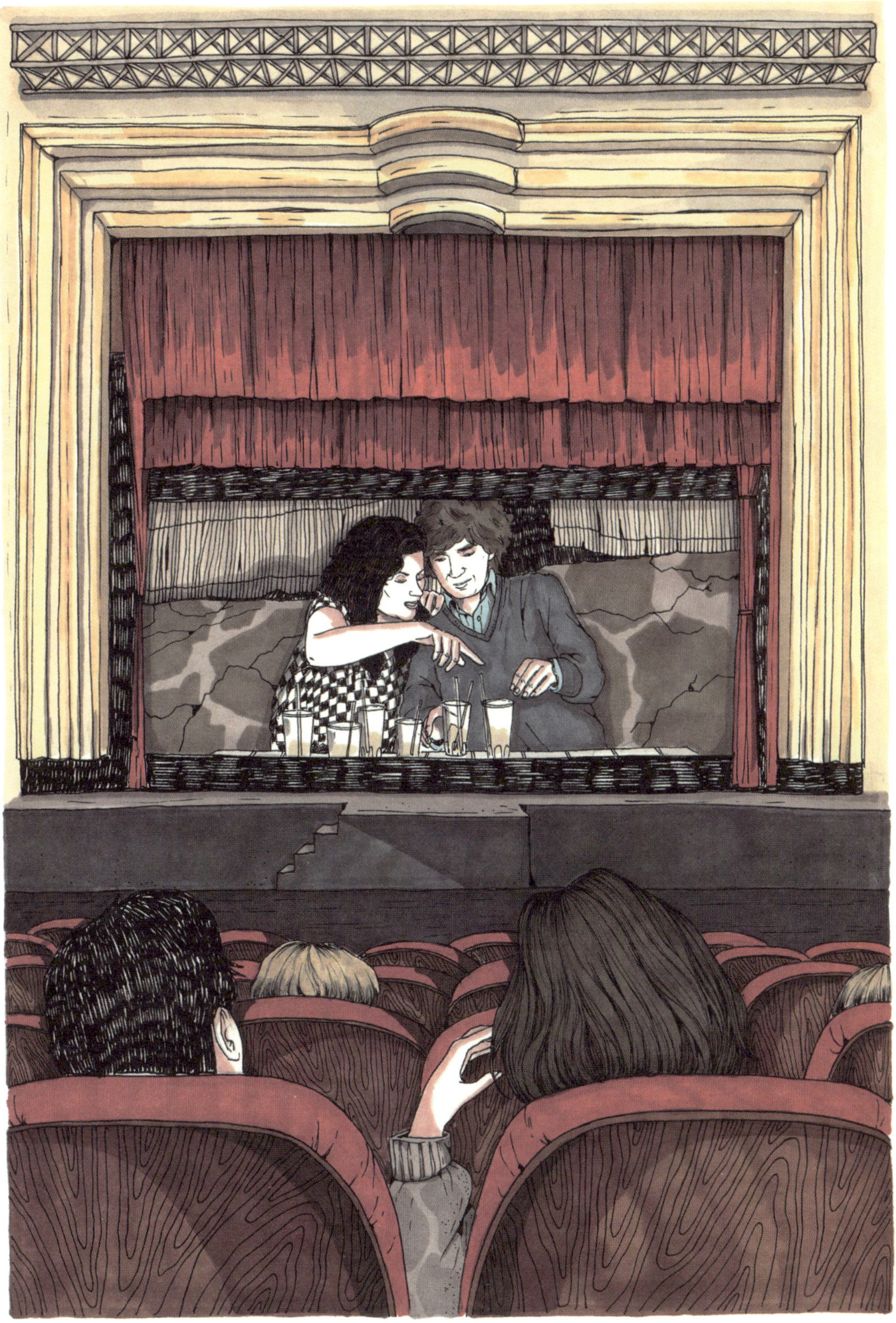

Los Grandes y los Hernández pasaban las vacaciones de verano y la Semana Santa en Becerril de la Sierra, en una casa inmensa, propiedad del abuelo paterno, con un jardín enorme y serrano y una piscina, de las pocas que había entonces. Los niños dormían en las buhardillas: la de niños y la de niñas.

Allí tuvo Almudena su primera moto, una vespino con cesta, «de chica», me dicen. Cuando la estrenó, tardó en caerse cien metros. Era una conductora pésima, recuerdan sus hermanos. También se sacó el carnet de conducir enseguida y, aburrida de la vida del pueblo en las vacaciones, se bajaba a Madrid a tomar algo en las cafeterías de Pintor Rosales. Por las noches, los adultos se reunían en el porche de la casa a charlar. Manuel recuerda que los llamaban «el sanedrín». Por allí había que pasar para pedir permisos y negociar las horas de llegada. «Este verano tenemos que conseguir que nos dejen hasta las diez», les decía Almudena a los dos chicos, que habían salido más caseros que ella.

En el pregón de las fiestas de Becerril, que dio Almudena en el año 2019, dice:

> Cuando era adolescente, regateaba durante meses con mi madre la hora de volver a casa. Cuando conseguí arrancarme las cadenas del regreso obligatorio, las noches fueron intensas, brillantes como oscuros mediodías, limpias como los amaneceres que a menudo me encontraban despierta.

Almudena se casó con Alberto Caffaratto, que era diseñador gráfico, solo unos meses antes de que muriera su madre. Benita, enferma de leucemia, no quería que su hija mayor se quedara en casa sustituyéndola, haciéndose cargo de sus tres hermanos y de su padre: «No puedo hacerte esto», le dijo. Caffaratto era primo de Óscar Ladoire. En 1984 nació Mauro, su primer hijo.

En aquella época, Almudena trabajaba para la editorial Anaya, donde realizaba diferentes oficios y escribía textos por encargo. Se ocupaba, por ejemplo, de escribir guías turísticas, pies de fotos y enciclopedias. Después confesó en una entrevista que aquellos años, seis o siete, escribiendo sobre temas que muchas veces no le interesaban, fueron su taller de escritura. Porque le enseñaron dos cosas fundamentales para los que nos dedicamos a esto: oficio y disciplina. Aprendió a manejar una herramienta un tanto indócil, el lenguaje, y allí ejercitó la destreza para explotar sus posibilidades expresivas. Y de esa forma dejó atrás una idea que la había acompañado desde niña sobre lo que significaba escribir. Ella pensaba que la escritura nacía de ideas geniales, de iluminaciones surgidas durante la madrugada, pero enseguida se dio cuenta de que esas ideas brillantes le duraban unos cuantos folios y no daban para más. Escribir novelas es un trabajo de constancia, que nos sienta a la misma mesa durante meses, como se sienta un contable o una arquitecta, en el que hay que ir lo suficientemente armada para dejarse desarmar por la coherencia de los deseos de los personajes que tú misma te has inventado, un trabajo en el que hay que levantarse cada mañana y volver a insistir.

Almudena decía que su pecado capital era la soberbia. Una compañera de la editorial le contó que había escrito una novela y que le habían dado un accésit. Y pensó: «Si ella puede, yo también». Y pudo.

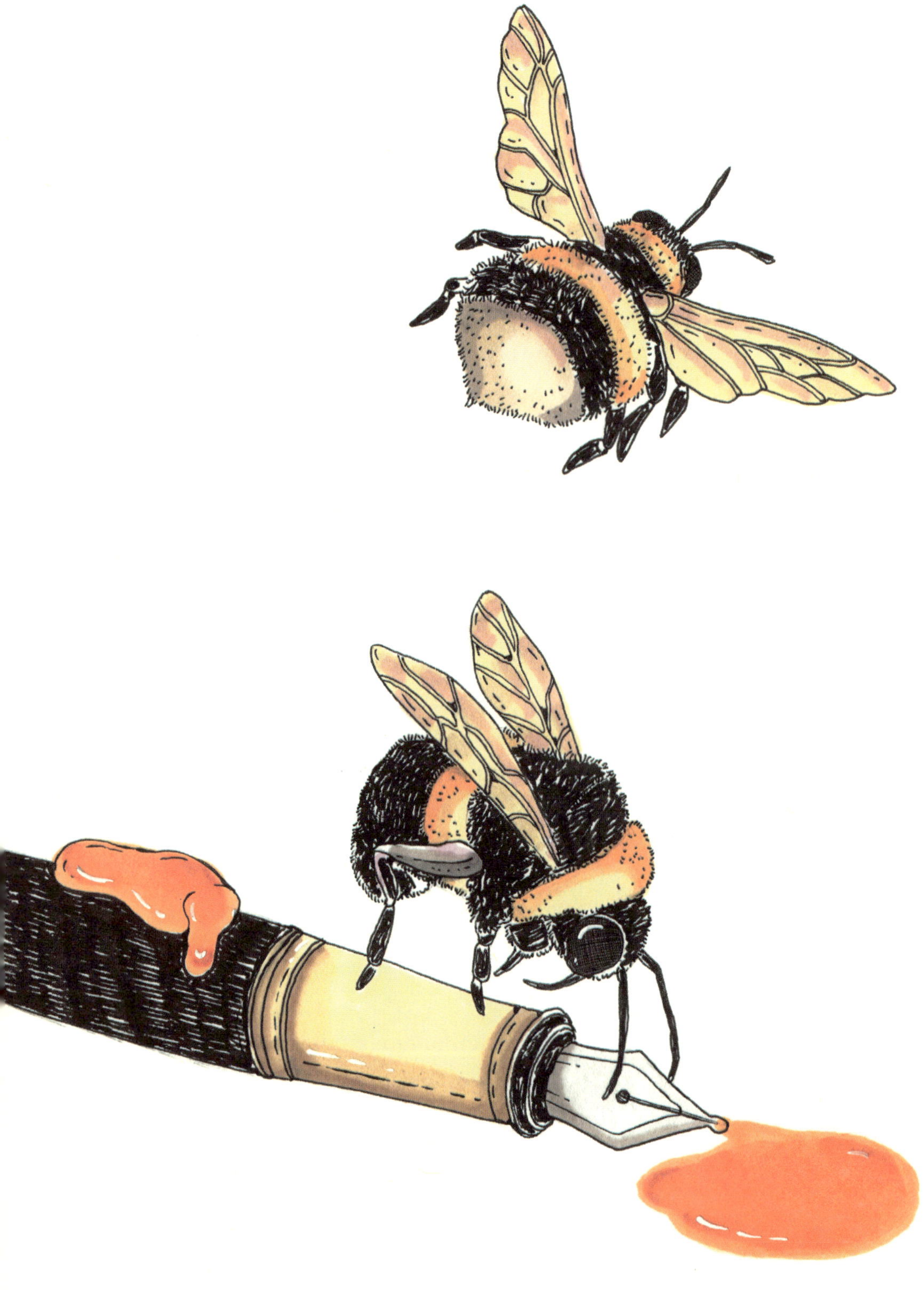

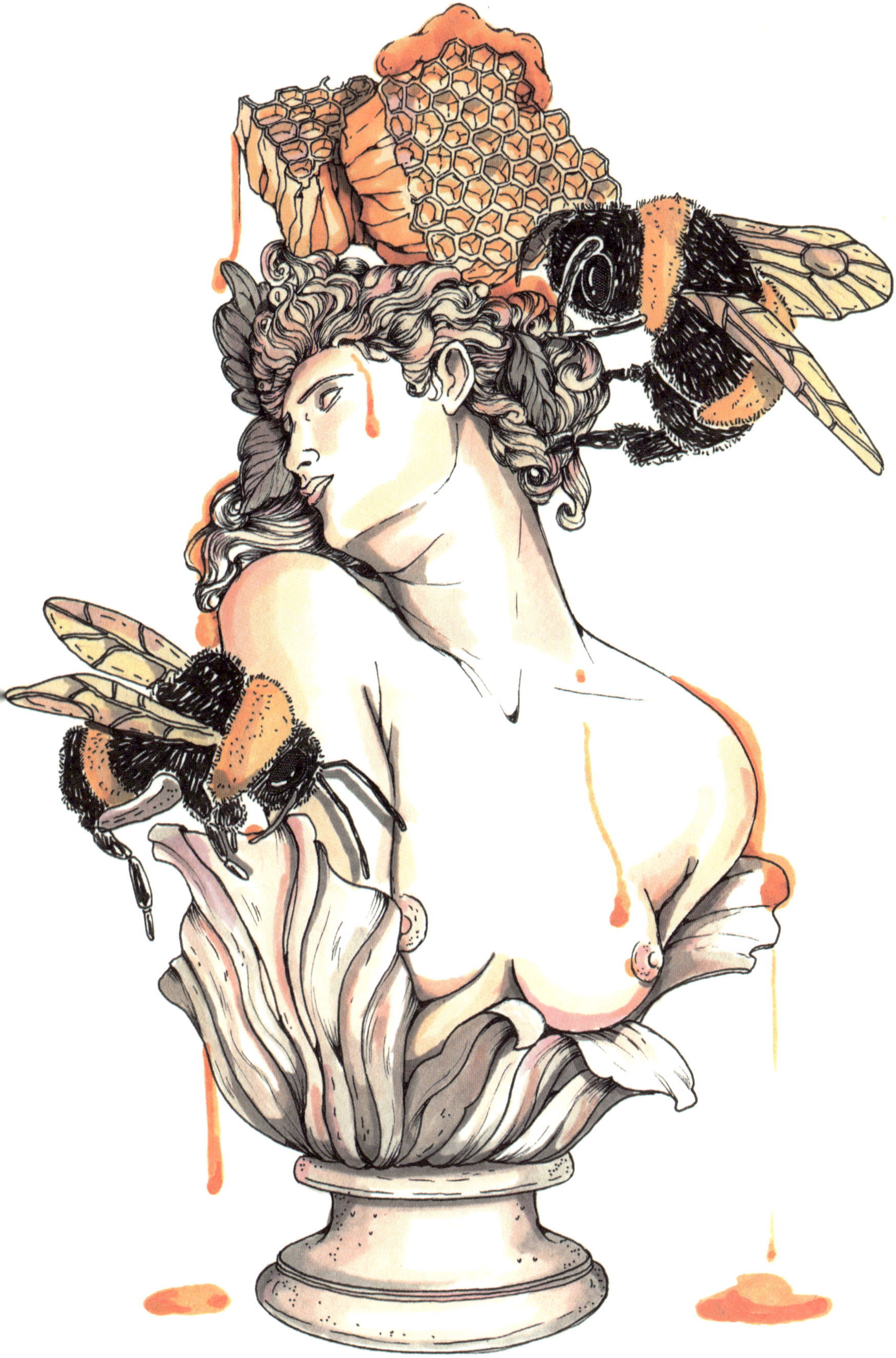

Eligió el nombre de Lulú para que tuviera dos diminutivos, uno infantil y uno adulto. Y bautizó al personaje como María Luisa, así la niña sería Lulú y a la adulta la llamarían Marisa. En ese mismo año, en 1989, con la novela ya escrita, la marca de cosmética Cacharel estrenó su perfume Loulou. Y Almudena veía pasar por las calles de Madrid los autobuses con la publicidad de la colonia. Se preguntaba: «¿Ganaré o no ganaré? ¿Es una señal?». Había presentado la novela al Premio La Sonrisa Vertical, que convocaba la editorial Tusquets y cuyo jurado estaba presidido por el director de cine Luis García Berlanga. La dotación era de un millón de pesetas.

Un día de enero de 1989, Almudena abrió el buzón de su casa y sacó un sobre. Le comunicaban que *Las edades de Lulú* estaba entre las novelas finalistas. Unos días más tarde, Antonio López Lamadrid llamó a las oficinas de Anaya y preguntó por Almudena. Aunque puede que no ganara, querían conocerla, y la invitaron a ir a Barcelona para reunirse y charlar. Almudena viajó con su marido y, mientras ellos comían en un restaurante de la Barceloneta, el jurado deliberó. Cuando volvió al hotel, el recepcionista le dio una nota donde le pedían que se pusiera en contacto con la editorial. López Lamadrid le dijo que había ganado. Así comenzó una larga historia de trabajo y cariño entre la autora y Tusquets. Almudena jamás abandonaría su editorial, que se convirtió en una familia de las letras para ella.

De *Las edades de Lulú* se han vendido un millón de ejemplares y ha sido traducida a treinta y nueve lenguas. La vida de Almudena giró. Y a esa novela le pasaron muchas cosas bonitas. La primera, tal vez la más importante, es que desinhibió en la lectura a toda una generación de mujeres jóvenes. Yo misma la compré en la papelería de mi pueblo sin saber quién era Almudena y la leí a escondidas de mis padres con trece o catorce años. Supe que lo que estaba entre mis manos contenía una transgresión escrita por una mujer que, entonces, en los años noventa, no iba a ser revelada para mí ni en pantallas ni en ninguna parte. De ella dijo Luis García Berlanga: «Enseguida descubrí que por primera vez una mujer española había sobrepasado esa famosa luz roja que para mí es sinónimo de caza de brujas».

Mario Vargas Llosa, que tuvo con Almudena algunas tensiones literarias, resueltas finalmente de forma generosa, decía que *Las edades de Lulú* refleja la poderosa transformación de la sociedad española a lo largo de medio siglo mejor que los volúmenes de sociología o los historiadores. La novela está escrita en un momento muy concreto de nuestra historia. Son los intensos años de la Movida, y describe aquella hambre de desmesura que se fue apagando poco a poco hasta un final que no fue feliz y que certificó el sida. Era 1989, el Muro caía en Berlín, España vivía fuertes tensiones sociales, ETA acordaba una tregua con el Gobierno que rompería después, recibía el Premio Nobel de Literatura Camilo José Cela y moría en Madrid Dolores Ibárruri, la Pasionaria. El mundo de ayer quedaba atrás. Se extinguía, sin remedio, el siglo XX. Y es entonces cuando una nueva generación de escritoras nacidas alrededor de 1950 y 1960 fue poniendo palabras a la contienda que se libraba por desprenderse de esa norma moral tatuada durante cuarenta años sobre el cuerpo de las mujeres: Soledad Puértolas, Rosa Montero, Lucía Etxebarria, Belén Gopegui o Marta Sanz, entre otras.

Al despedirnos una mañana de finales de agosto junto a la Casa de las Flores de Madrid, Azucena Rodríguez me dice que está trabajando desde hace tiempo en un documental sobre la escritora. Y que Almudena quería llamarlo *Las edades de Almudena*. Azucena le ha cambiado el título, de momento, y yo siento cierta felicidad por haber atinado a ponerle este título al capítulo antes de saberlo.

Lo cierro de madrugada, antes de que se despierte mi hijo. Pienso en ella y pienso en cuántas habrá como yo. Pienso en sus veintiocho años, en la jornada amenazando con devorar las horas. Escribiendo sin saber todo lo que iba a llegar después. Sin sospechar del abrazo de millones de lectores. Armando la peripecia de Lulú en el silencio del amanecer. Rompiendo los límites de la literatura escrita hasta entonces por las mujeres.

Seguramente, fumando el primer cigarro del día. Agotada por el sueño, pero tecleando, poniendo en pie las páginas. Porque lo que pienso, con soberbia, es: «Si ella pudo, yo también».

ESCRIBIR

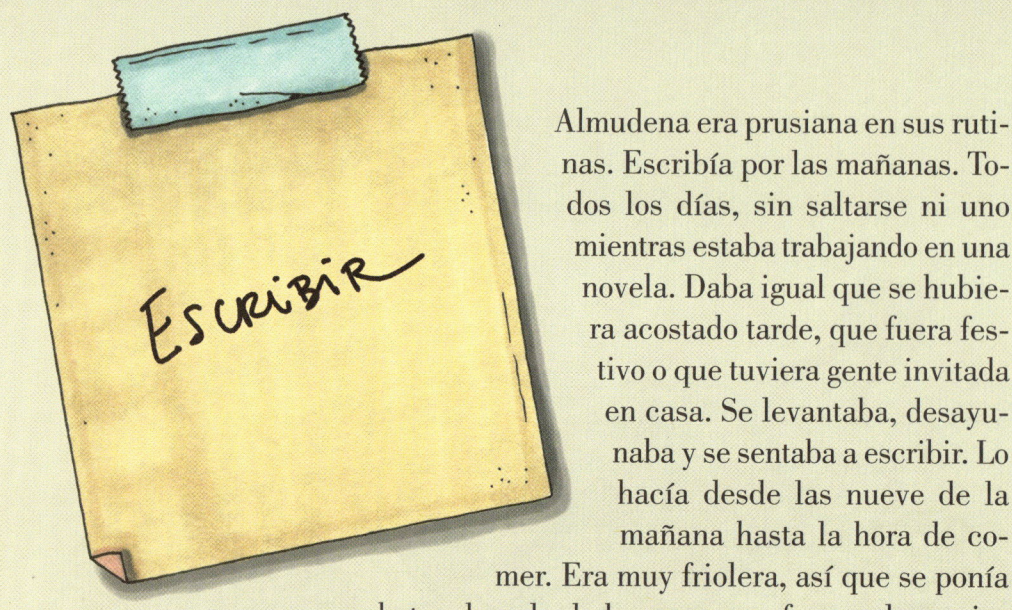

Almudena era prusiana en sus rutinas. Escribía por las mañanas. Todos los días, sin saltarse ni uno mientras estaba trabajando en una novela. Daba igual que se hubiera acostado tarde, que fuera festivo o que tuviera gente invitada en casa. Se levantaba, desayunaba y se sentaba a escribir. Lo hacía desde las nueve de la mañana hasta la hora de comer. Era muy friolera, así que se ponía unas botas de pelo de borrego y un forro polar en invierno. «No se puede escribir con frío». La tarde la dedicaba a los artículos, a la lectura o a otro tipo de textos o recados cotidianos.

Cuando nació su hija Elisa y no tenía tiempo o no podía concentrarse, llevaba un cuaderno donde anotaba las ideas, donde desarrollaba los personajes y la trama de la novela que ya había empezado a escribirse en su cabeza. Esta costumbre ya nunca la dejaría. Ella siempre sabía cómo acababan sus libros, así que no había crisis de escritura, no se preguntaba qué es lo que va a pasar ahora. «Yo, sin final, no empiezo a escribir». Porque las crisis las resolvía, como ella decía, en «fase cuaderno», donde no duelen tanto. A partir de esas notas, se hacía una lista de capítulos en la que explicaba lo que sucedía en cada uno, armaba cronologías y recogía datos. Pero, si se atascaba en alguna escena, me cuentan que se levantaba, cerraba la puerta y se ponía a bailar por el despacho con música a todo volumen de los ochenta o a caminar dando vueltas a la mesa. Bailaba fatal, dicen Elisa y Luis. Sus hijos, aprovechando que ella salía del despacho un momento o se iba a cocinar, se metían en el manuscrito y le escribían una frase o una palabra sin sentido. Cuando Almudena volvía, siempre se daba cuenta: «Ya me habéis vuelto a tocar el texto».

Ella decía que en sus novelas «no se desmadraba ni Dios», que eso es una tontería. Pero escribir es una aventura. Y aventurarse significa que, de pronto, personajes pequeños ocupen más páginas de las que creías o que grandes protagonistas vean cómo se reduce su peripecia. A ella también le pasaba. Pero la estructura jamás será casual para Almudena, la arma con una coherencia «incluso aritmética». Tampoco lo serán las voces, ni las escenas; todo en sus novelas tiene un valor expresivo.

Afirmaba que la primera parte de la escritura es tomar decisiones: quién va a contarlo, cuándo, dónde, por qué va a contarlo y desde cuántos puntos de vista. Fernando Valls, crítico literario, explicaba que Almudena poseía tres virtudes: paciencia, exigencia y no tener prisa. Ella añadiría una más: aprender a gestionar la soledad. «Porque la grandeza y la miseria de este oficio es la soledad». Su truco para corregirse a sí misma: mirar lo que tú escribes con los ojos con los que tú lees. Almudena se corregía mucho, muchísimo.

Nada es fortuito en sus novelas. Ella sabía cómo reaccionaban los distintos narradores. Por ejemplo, los niños: «Los personajes niños son los testigos ideales». No tienen capacidad de desvirtuar la realidad para contar lo que más nos conviene a los adultos. No han aprendido a manipularla. Esta condición la descubrió en *Los aires difíciles*. En *El lector de Julio Verne*, el protagonista es un niño. La crueldad, la violencia y la sangre de la novela se amortiguan con la mirada atónita de Nino, que no es capaz de interpretar la realidad, solo de contarla, sin procesar.

Para ella, la principal materia de la narrativa era el deseo. Y aclaraba: «No el sexo, que es algo fisiológico: el deseo». Lo consideraba «el motor de la historia y un tema literario de primer orden».

Almudena contaba sus novelas a sus amigos y a su familia, que apenas podían seguir el argumento que ella ya tenía claro en su cabeza. Una tarde, llevaba en coche a su hija Elisa al conservatorio de música y se puso a llorar mientras conducía. La niña le preguntó que qué le pasaba. Y ella respondió: «Es que he matado a un personaje». Elisa le dijo a su madre que no llorara, que lo resucitara y ya está.

Tenía unos cuantos lectores de confianza a los que les pasaba sus manuscritos ya terminados. Un grupo que iba cambiando con el tiempo y que ella sabía que le devolverían diferentes apuntes sobre la novela, a los que algunas veces no hacía ni caso. El primero, Luis García Montero. Pero también Chus Visor, Ángeles Aguilera, Benjamín Prado, su hermana Luli, su tía Lola, Azucena Rodríguez y siempre a su editor en Tusquets, Juan Cerezo. Nunca tuvo ningún problema en llamar a alguien que viviera en Berlín para que le contase cuánto se tardaba en llegar de un punto a otro de la ciudad caminando. «Vale, muy bien, pero cuánto con los escombros de la guerra, dime», pedía que le aclarase.

Almudena le perdió el miedo a la documentación que, a veces, llegó a ser ingente para la escritura de algunos libros. Estuvieran basadas en hechos reales o no, levantaba las novelas en absoluta libertad, pero manteniendo la lealtad, es decir, sin traicionar el espíritu de lo que sí sucedió.

Ella siempre decía que, si le hubieran pagado por leer, no se habría dedicado a escribir. Espero no traicionar el espíritu de Almudena con el que me propuse escribir este libro, pero, sinceramente, lo dudo.

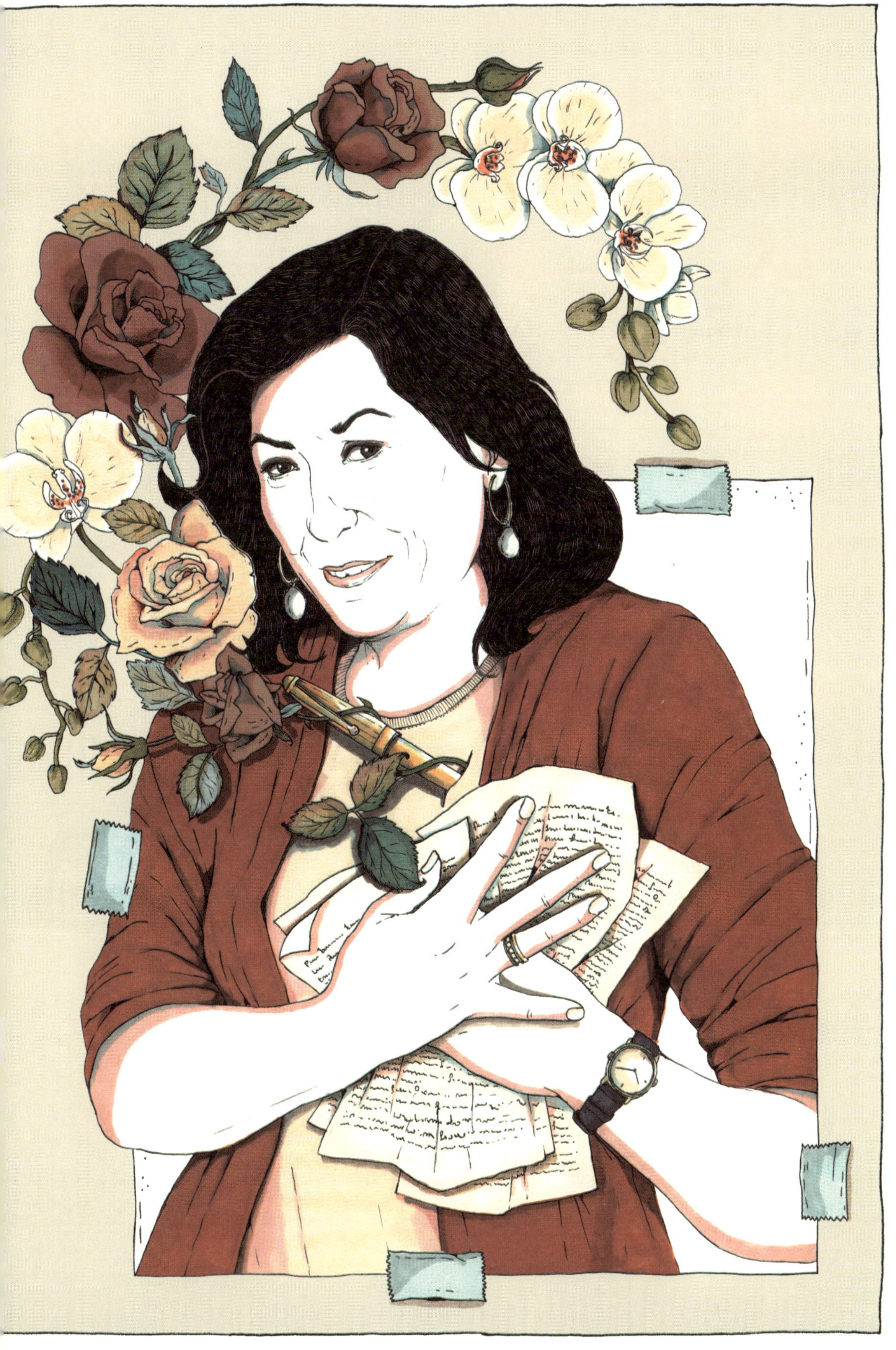

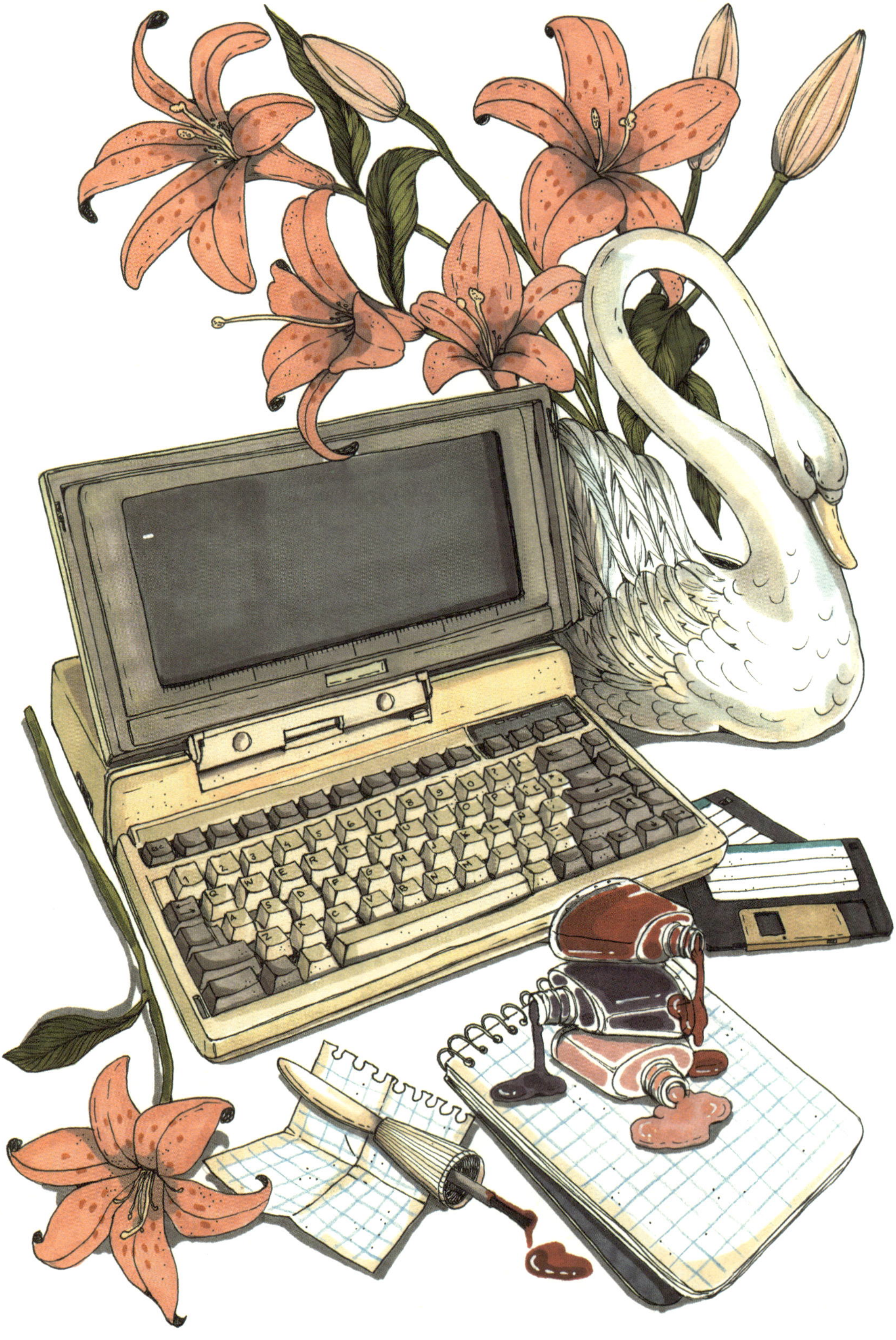

Ser escritora en los noventa

En 1998, en una entrevista para Canal Sur en la que Almudena participa junto a Dulce Chacón, un periodista define su nueva novela, *Atlas de geografía humana*, como la historia de cuatro chicas. Ella le corrige enseguida y le dice que no son chicas, que son mujeres, y añade: «Yo nunca he sido una chica». A continuación, el presentador le pregunta si hay una literatura femenina. Ella responde, rotundamente, que no la hay.

> Existe la literatura femenina si existe la literatura masculina. El problema es que, si se habla de literatura femenina y no se habla de literatura masculina, a lo que se opone la literatura femenina es a la literatura. Los seres humanos somos un conjunto de atributos ilimitado. Cada uno escribe desde su memoria y desde su vida, y la mirada del mundo que tiene cada uno viene determinada por esos atributos. Mi mirada sobre el mundo viene determinada, en una parte, por el hecho de que yo sea mujer.

Cuando escribía, Almudena solo pensaba en un lector: ella. Sabía que, si no conseguía emocionarse a sí misma, no iba a emocionar a nadie. Si ella había sido capaz de leer *Moby Dick*, donde el único personaje femenino era una ballena asesina, y aprender cosas, y entenderlo todo, cualquier hombre podría ser capaz de leer sus novelas y hacer suyo lo que en ellas se cuenta. Algo muy básico, pero que todavía hay que repetir de vez en cuando. En aquellos años, le pusieron tantas etiquetas, entre ellas «escritora femenina», qué reiteración, que al final un prejuicio bloqueaba al otro. En los años noventa y tras la revolución de *Lulú*, es cuando responde a la pregunta más importante de su vida: ¿quería ser famosa o quería ser escritora? Hoy sabemos que eligió lo segundo. Porque entonces la llamaban de todos los programas de televisión y escribía acerca de todo lo que le pedían. Almudena renegaba de ser la Lulú nacional, aunque sin despreciar nunca su novela primera, con la que mantuvo hasta el final una intensa valoración de debes: ella creó a Lulú, sí, pero Lulú le concedió el privilegio de dedicarse a aquello que había soñado desde niña y se sentía en deuda con esas páginas que escribió sin saber dónde irían a parar. Hoy sabemos que Almudena eligió ser escritora. Y que ser escritora fue lo que la hizo tan conocida.

Las primeras novelas son unos textos muy especiales. Normalmente, se escriben sin saber cuál será su destino. Los autores arriesgan, mantienen en la escritura una libertad que, después, casi siempre para bien, se va sujetando. Porque a escribir se aprende leyendo y escribiendo. El universo que en ellas se levanta comprime un bagaje muy personal y extenso. Y miente quien dice que la segunda novela, si a la primera le ha ido bien, no sea un reto importante y de cierta presión. Las segundas novelas, como decía Almudena, asumen esa desgracia.

Te llamaré Viernes pagó el precio de *Las edades de Lulú*. Así lo sentía ella. Fue una novela que escribió con miedo, en la que pensó cada palabra, porque sabía que la estaban esperando. Es un libro complejo y no fue bien comprendido, en el que exploró las posibilidades narrativas para contar la historia de amor entre Benito y Manuela, dos personajes de los márgenes que se encuentran en un Madrid gris. Una novela difícil, introspectiva, psicológica, que necesita la complicidad del lector para adentrarse en la trama.

¿Por qué no repitió su fórmula erótica que tan bien le había funcionado? No se perdonó Almudena las razones por las que escogió un punto de vista masculino para escribir: quería demostrar que su vocación era firme. La crítica fue radical con ese libro, o les había gustado muchísimo o no les había gustado nada. En *ABC*, una reseña firmada por Ángel Basanta en marzo de 1991, concluye: «A pesar de todo, aunque la ardua lectura no compensa el esfuerzo que exige esta obra, es anuncio seguro de las posibilidades novelísticas de A. Grandes». Lo fue.

Es fascinante ver las entrevistas de Almudena Grandes en la televisión de aquellos años, por dos razones: la primera, porque habla sin pudor de literatura y de sexo, de su cuerpo y de los hombres, de los libros y de la vida. Es irónica en sus respuestas y no siempre captada por sus interlocutores, a quienes replica, rápida y sagaz. Y la segunda razón es porque, revisadas desde este 2023, nos indigna el trato recibido por una autora de éxito en esas tertulias. Ella se lo toma con mucho humor, no flaquea ni se deja amedrentar, pero qué íbamos a hacer si no era reírnos. Sí, nos reíamos, porque no estábamos armadas para responder de otra forma. Todavía.

Encuentro en el archivo audiovisual de RTVE una conversación en el programa *Cerca de ti* del año 1994, al que acude Almudena tras la publicación de *Malena es un nombre de tango*. ¿Se habló allí de la novela? Nada. De lo que sí se habló es del físico de la autora, de los kilos de más o de menos, de sus atributos. La definen: «Morena, rotunda, de belleza oscura y violenta, segura de sí misma y un terremoto de la literatura». Ella le cuenta al presentador que el jefe de un suplemento de Barcelona que no quiere nombrar dijo que no le iba a hacer una buena crítica porque las escritoras no tenían que enseñar tanto las piernas. Afirma también que los clichés contra sí vienen de ambientes extraliterarios. En esa misma entrevista, una mujer lee un fragmento de *Lulú* con la voz muy excitada. A Almudena le horroriza la locución y lo dice, y, claro, el presentador interrumpe una vez más y la reprende: «¿Te estás metiendo con la actriz?».

¿Cómo hace para escribir tan bien y mantener las tetas tan bonitas? ¿Cuándo escribirá otra novela pornográfica? ¿Cree que infunde miedo a los hombres por su carácter fuerte y sus principios irrenunciables? ¿Cree que las mujeres tienen patente de corso al recibir críticas diciendo que se las hacen porque son mujeres? ¿Cambiaría su metabolismo? ¿Hay escritoras petardas que van llorando por ahí porque los críticos les quieren tocar el culo?

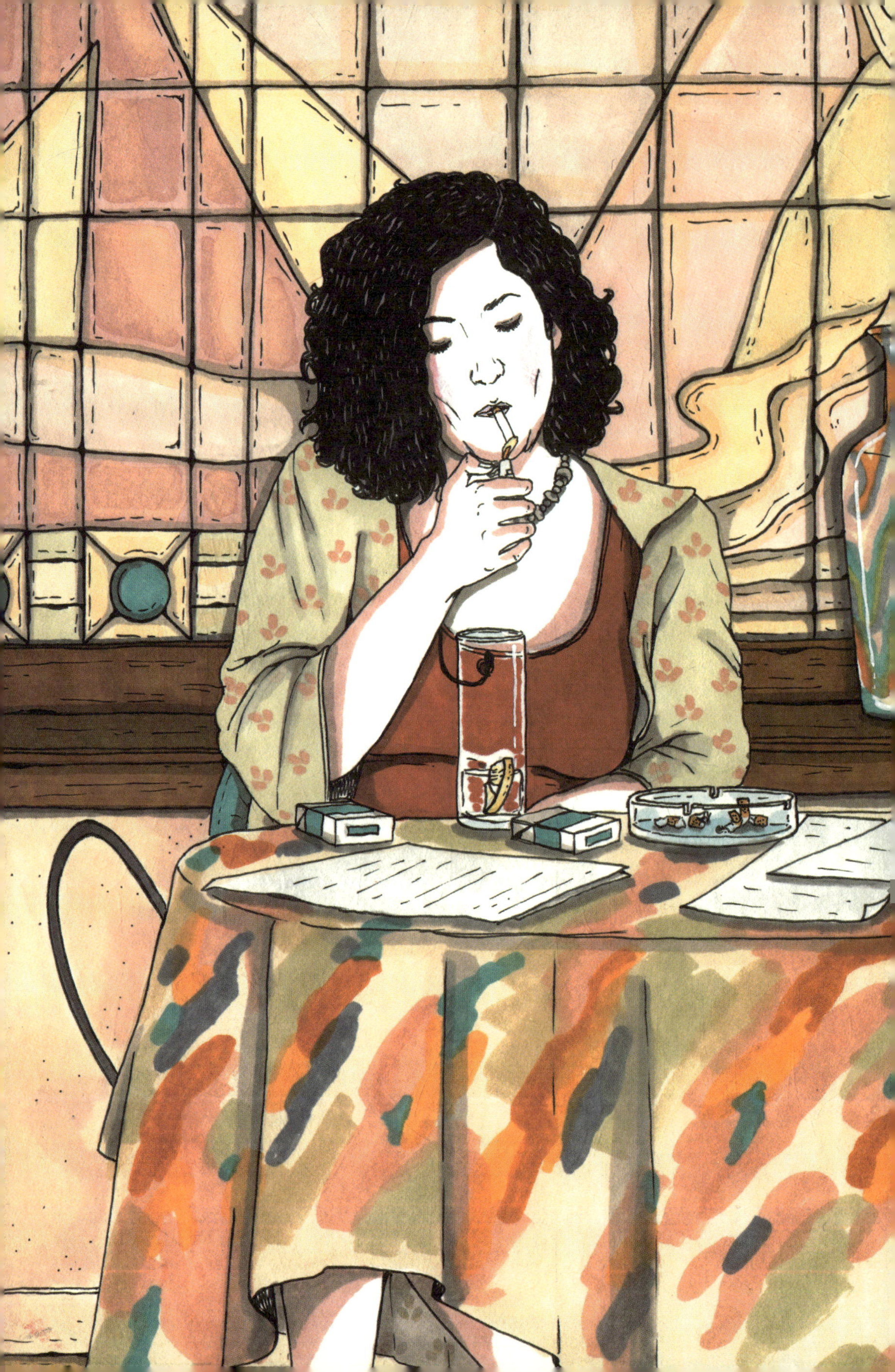

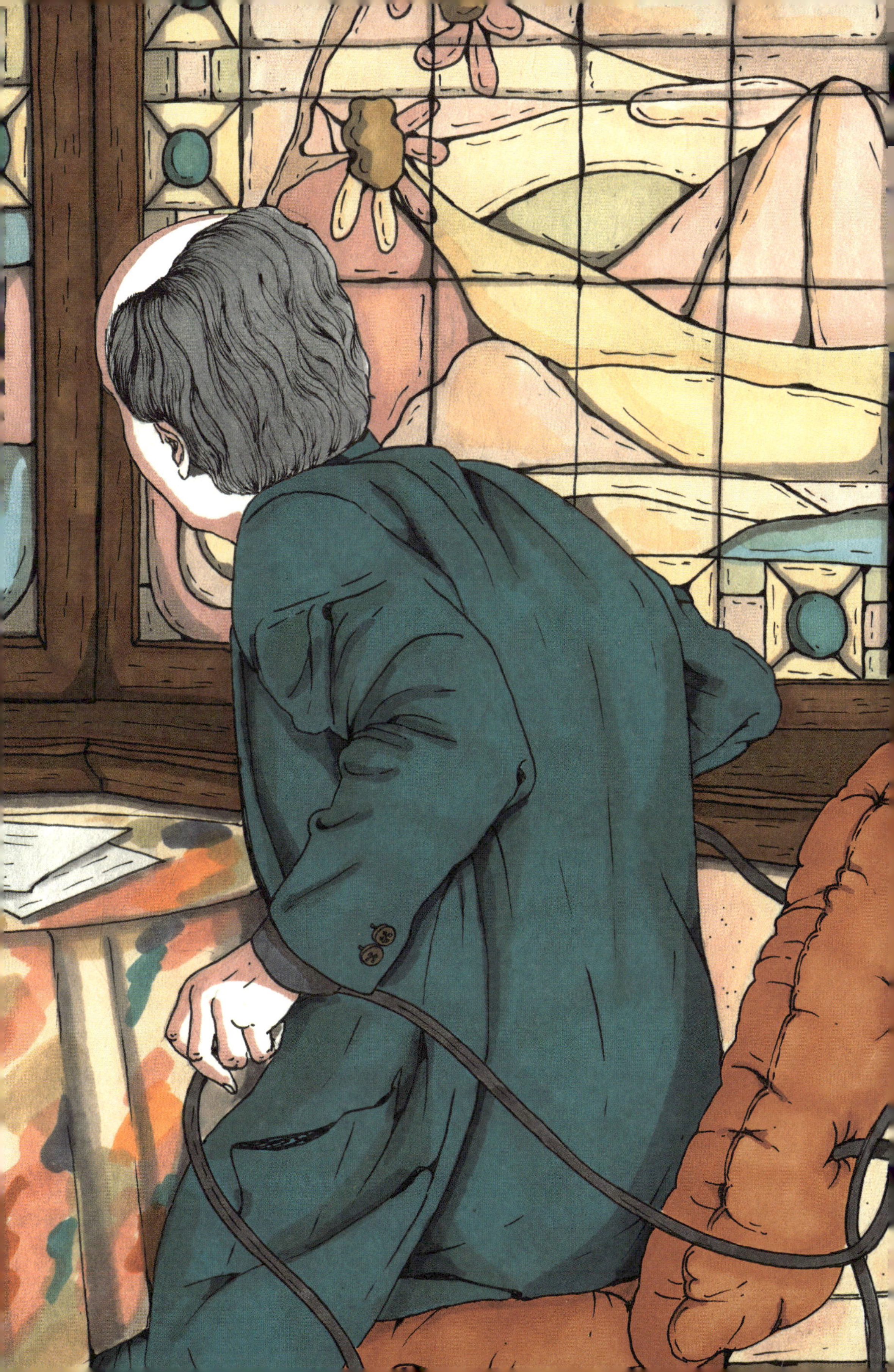

De aquella memoria que es ya de otro siglo me quedo con dos impresiones. La del director de *Las edades de Lulú*, Bigas Luna: «Es una de las personas que mejor escriben de este país». Y la pregunta de su amigo Eduardo Mendicutti: «Has conseguido el elogio de la crítica y de la tribu literaria, pero ¿qué venderías sin pestañear por volver a escribir una novela que consiga de nuevo éxito de crítica y público?». Ella responde: «Mi amigo del alma sabe de sobra lo que voy a contestar: no vendería nada. Porque no hay fórmulas para escribir libros que se vendan bien».

Me encuentro con Eduardo Mendicutti en Sanlúcar de Barrameda a mitad del verano y tomamos un café. Recordamos juntos a Almudena. Me cuenta que él la conoció la noche en que ganó La Sonrisa Vertical. Después se generarían algunas complicidades entre el mundo gay y el universo de Lulú. Pero ahí nace una amistad entre colegas que beben juntos y disfrutan en las noches madrileñas por las terrazas de la Castellana, en las veladas literarias de la ciudad y en los viajes, dos amigos que se lo pasan muy bien y se comprenden. «Aquella época era divertidísima y cansadísima», recuerda el autor de *Una mala noche la tiene cualquiera*. Así, Almudena, una mujer joven y desinhibida, acompaña a Mendicutti en busca de las saunas gais de Buenos Aires, se ríen cuando los alojan en un hotel temático de citas o cuando conocen a la infanta Elena y le cuentan que los dos son escritores de literatura erótica. También cuando ella le dice que no, que no va a participar en un trío con ese muchacho que los sigue por la plaza de Armas de Santiago de Chile y quiere acostarse con ellos. No fue el único trío que les propusieron. En una carta publicada en *El Boomerang* y titulada «Promesa de matrimonio», Mendicutti reconoce que, de haber llevado a cabo los deseos de esos otros hombres, a Almudena y a él les habría dado la risa. De modo que no es extraño que esa misiva tan divertida comience así: «El matrimonio nos está distanciando. Quiero decir tu matrimonio, naturalmente. No te lo tomes a mal, no te sientas culpable, el único culpable soy yo».

Con *Malena es un nombre de tango*, publicada en 1994, llegó el gran reconocimiento para Almudena Grandes. «Espero que ahora ya nadie dude de que soy escritora», decía. Una novela que tiene mucho que ver con ella y con su familia, porque es la historia de un secreto y de una oveja negra o blanca, según se mire. Entonces, Almudena ya lo tenía claro: «La familia es un útero al que siempre se puede volver». Y entendía que, en la suya, una familia peculiar, siempre se antepondrían los afectos a las ideologías.

En esta novela, Almudena confronta el concepto patriarcal del eterno femenino y traza una genealogía que, casi mediante el ADN, recibe cada una de las dos hermanas, y que ojalá se hubiera extinguido: «Tías para follar y tías para enamorarse», todas aún herederas del régimen de cuarenta años en el que criaron a sus madres. Una historia de tres décadas y setecientas páginas que sustenta dos de los temas que entonces obsesionaban a Almudena: la infancia y el deseo. Y aquello que hilvanará el resto de su obra: el pasado tocando en el presente.

Y con *Atlas de geografía humana* Almudena cierra un primer ciclo literario en 1998. En esta novela, cuatro mujeres pelean contra la vida, a favor del amor y, sobre todo, de sí mismas. Retrata esos años noventa superiluminados, grunge, incomprensibles, que vivimos en estado de permanente transformación hacia no sabíamos qué, en los que las mujeres empezaban a romper su silencio, también entre ellas, pero todavía soportaban el ruido y el tono de la gran conversación masculina. Las cuatro protagonistas trabajan juntas en una editorial y hablan en primera persona, cada una envuelta en un conflicto de identidad y en una crisis de edad que las golpea en diferentes flancos. Cuatro formas de soledad y cuatro formas de incomunicación, cuatro geografías distintas. *Atlas de geografía humana* fue llevada al cine unos años después por su amiga Azucena. La Rubia quería hacer, y sigue queriendo, una película que cuente la historia de Sara, el personaje de *Los aires difíciles*, y, nerviosa, fue a casa de Almudena para proponérselo. Pero entonces no se pudo, y el productor la vio tan desolada que le ofreció hacer *Atlas* y ella se lanzó. Hizo suya la historia, empatizó con los personajes y hoy se reconoce en esas cuatro mujeres cuando vuelve a verla. Almudena vio la película con ella en un pase privado en los cines Princesa. Cuando salieron, caminando por la plaza de España, Almudena le dijo que le había gustado y la Rubia respondió que a ella le gustaba más el libro: «No te machaques, la película está bien», contestó. Era el año 2007. La relación de Almudena con las adaptaciones cinematográficas de sus obras fue extraña, se sentía algo ajena a ellas. Como autora, ya había hecho su propuesta artística; después, la película era del director. *Malena* también tuvo su largometraje, protagonizado por una inolvidable Ariadna Gil.

En uno de los archivos que exploro durante estos días con asombro, Almudena recibe varias llamadas de la audiencia y le pasan la pregunta de alguien que llama desde Granada: «¿Ha encontrado ya a un hombre que sea un armario de dos cuerpos?». Lo preguntan en referencia a unas declaraciones que ella había hecho afirmando que le gustaban los hombres grandes. «En realidad, grandes o, al menos, que no parezcan digeribles por mí», aclaraba. Pero Almudena responde que lo que ha encontrado es un armario de muchas puertas, y unas jovencísimas Julia Otero y Lourdes Lancho se ríen con ella.

La cita que abre *Te llamaré Viernes* pertenece a *Las aventuras de Robinson Crusoe* de Daniel Defoe. Dice: «Traté también de hacerle comprender el nombre que le había puesto, que era el de Viernes, por ser este el día de la semana en que le salvé la vida».

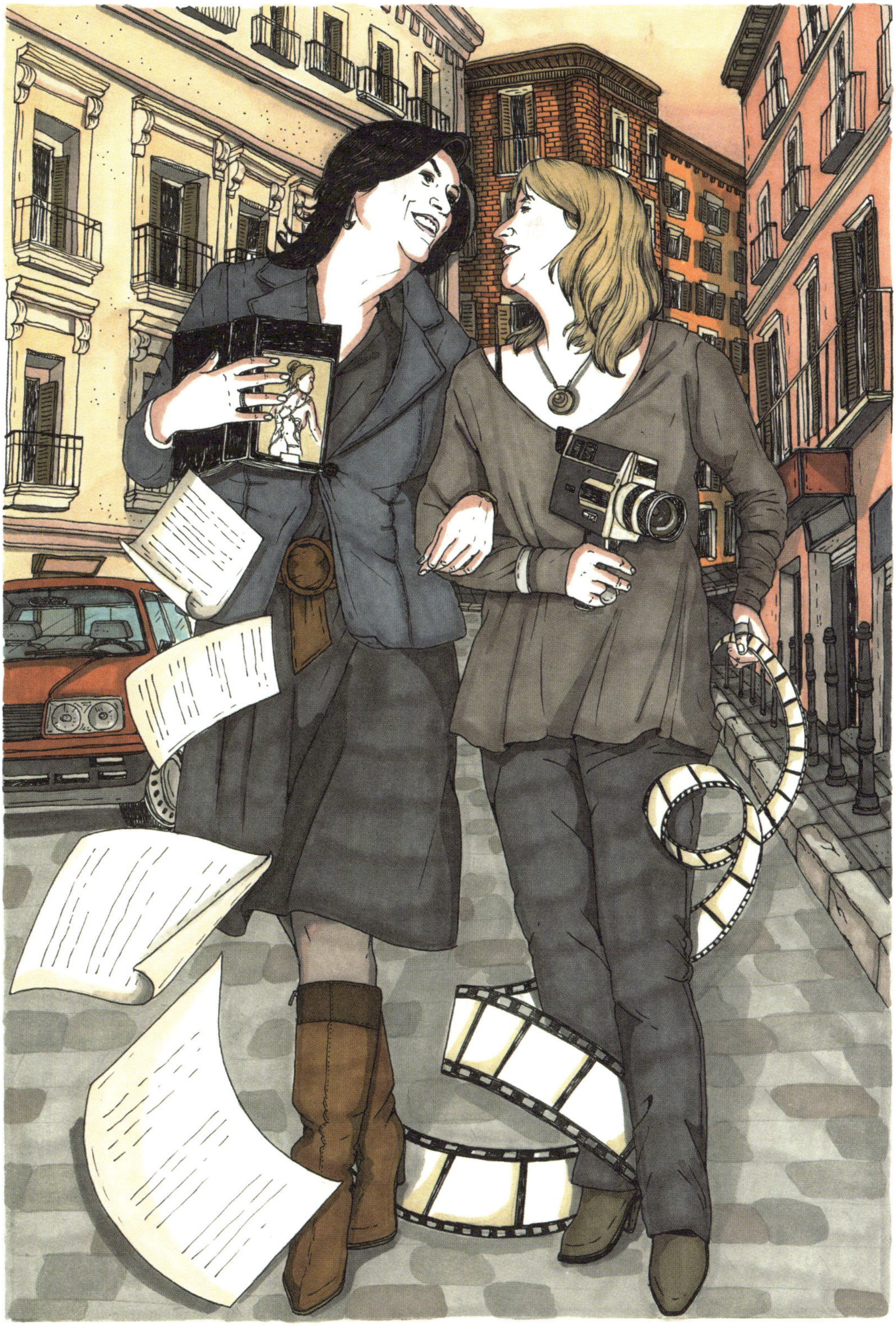

LA COCINERA

La cocina es más agradecida que la escritura, da menos quebraderos de cabeza. Si sigues la receta, el plato sale. En la literatura no es tan sencillo. Cuando perdía la fe en los personajes o la historia que estaba escribiendo se tambaleaba, Almudena se metía en la cocina. Trabajaban las manos y la cabeza podía ocuparse de otras cosas en segundo plano. Pero allí no solo afrontaba las crisis literarias, también reconocía que algunos de los mejores momentos de su vida los pasó en esa estancia. Decía que la única cosa que quería tener era una cocina grande, llena de utensilios y baterías. Cocinar formó parte de su vida y de su literatura, y ese acto de amor que es alimentar a los demás se cuela en las líneas de sus artículos, sus relatos y sus novelas. Sobre todo, en *Inés y la alegría*, donde la cocina es un recurso expresivo constante. Almudena siempre quiso tener una protagonista cocinera y con Inés lo consiguió.

Y qué mejor que una mujer cocinera de la guerrilla. *La cocina de Inés* es un pequeño tesoro que se editó durante la promoción de la novela y que contiene las recetas que aparecen en el libro. Elisa me señaló en el índice cuáles eran de su madre: las croquetas, las lentejas, el cocido y los pimientos rellenos.

En «El espíritu de la hierbabuena», un hermoso artículo de la víspera de Navidad de 2017, Almudena elige una sospechosa tercera persona como narradora e intenta poner distancia entre la autora y lo que cuenta. Pero nos habla de cómo una mujer recuerda a su madre en la mañana de Nochebuena frente a los fogones: «Ay, mamá, y espuma el caldo con cuidado, lo prueba para comprobar el punto de sal, añade un par de granos de pimienta, qué difícil es todo».

Los hombres de su vida le complicaron mucho los menús. Decía que Luis estaba en guerra perpetua con los exotismos gastronómicos y que para él cocinaba tortilla de patatas y croquetas. En un artículo de octubre de 2018 titulado «El tiempo, la amistad y los chipirones», recuerda Almudena una anécdota con el escritor Eduardo Mendicutti, a quien siempre le preparaba chipirones en su tinta. Mendicutti le decía que las únicas personas que le hacían ese plato eran su madre y ella. Tiempo después, sería Almudena ya la única que se los hacía. Espero que Mendicutti haya encontrado a algún cocinero o cocinera por ese sur que le repita la receta con la que tanto le alegraron dos de las mujeres que más lo han querido.

La revista *Tinta Libre* dedicó su número de diciembre de 2021 a Almudena. El cantante Miguel Ríos recuerda en ella el «*self-service* de la calle Larra» con arroces, carnes, ricos embutidos y copiosas ensaladas. Y la recuerda a ella, arreglada y guapa, con el delantal puesto todavía, dando los últimos toques a un menú dispuesto para hacer felices a sus invitados. Es curioso porque también él, como Mendicutti, como la propia Almudena, traía a su madre a la memoria cuando comía los huevos rellenos que preparaba su amiga. Y es que la cocina ha sido hasta hoy, más allá de los focos gastronómicos, un legado matriarcal de los sentidos que nos devuelve de forma indestructible a aquella habitación llena de vapor y fuego lento de nuestra infancia.

CHIPIRONES EN SU TINTA

- aceite de oliva
- vino blanco
- 1 cebolla grande
- 3 o 4 bolsas de tinta
- 2 huevos duros
- sal
- 1 kg de chipirones
- 1 diente de ajo
- 100 g de jamón serrano picado
- perejil
- tomate frito

Lo más importante es conseguir buenos chipirones en el mercado: pequeños pero que se puedan rellenar. Cuatro o cinco por comensal. Lo primero es limpiar las piezas, guardando los tentáculos y las aletas que se desprendan y reservándolos. Cuando estén blancos por dentro y por fuera, se prepara el relleno.

El relleno consiste en picar muy pequeño los tentáculos, las aletas, el jamón serrano y los huevos duros. Se forma una masa que se puede compactar con las manos. Y se van rellenando con una cucharita de café, hasta la mitad. Se cierran con un palillo.

Con aceite de oliva, cubrimos el fondo de una sartén y en ella se rehogan a fuego lento el ajo y la cebolla picados muy finos hasta que la cebolla empiece a desintegrarse, removiendo con una cuchara de palo. Entonces se añaden los chipirones, con cuidado, y se dejan hacer un cuarto de hora, dándoles la vuelta cuando comiencen a hincharse.

Merece la pena comprar las tintas aparte porque sacar las bolsas de los chipirones resulta muy complicado. Se mezclan con un par de ramas de perejil cortado muy fino y un vaso de vino blanco. Se vierten sobre la sartén y se añaden dos cucharadas soperas de tomate frito. Poco a poco las tintas pondrán negro el guiso.

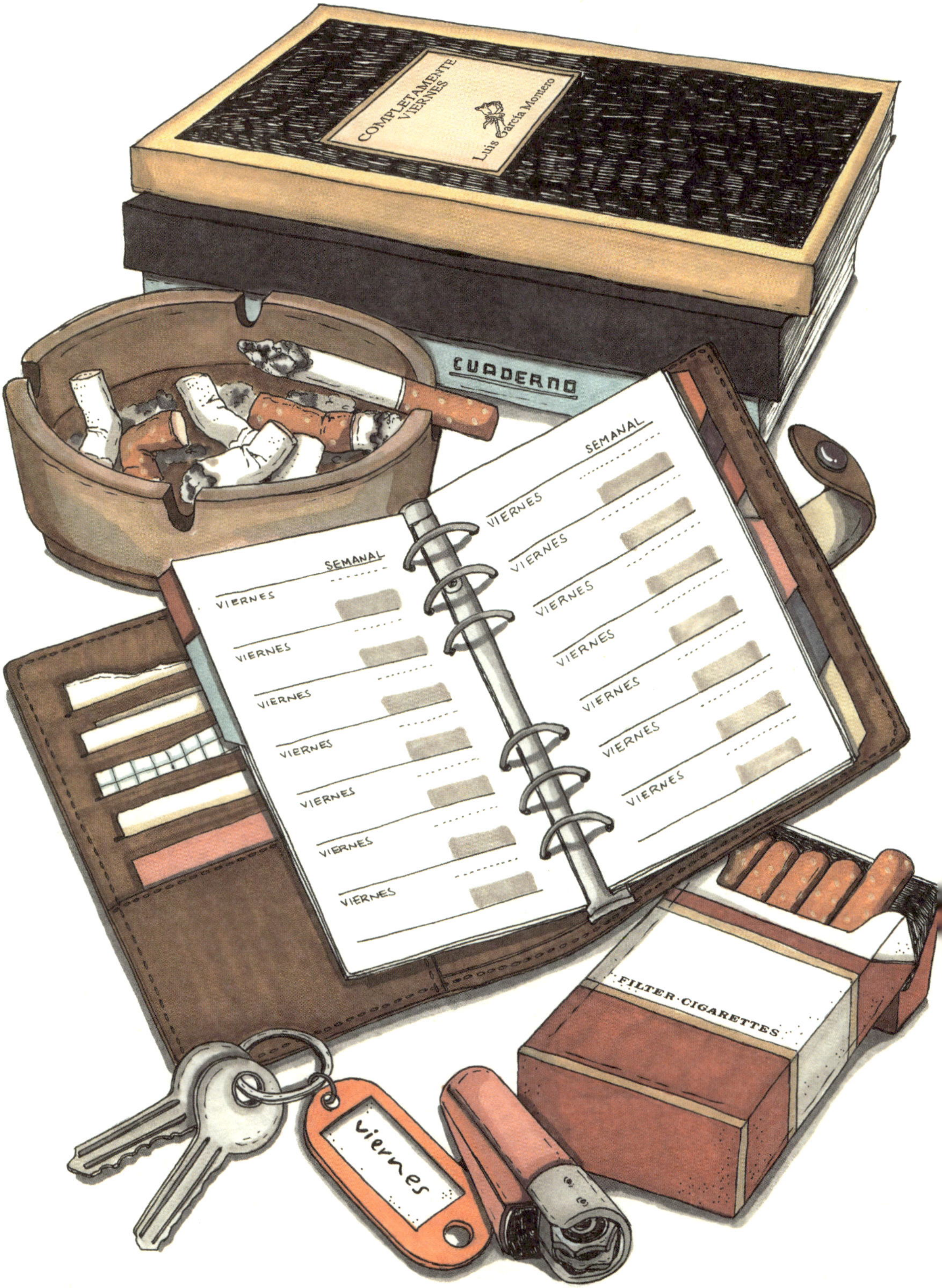

Viernes

Dicen que el amor es una construcción social y cultural. Un equipaje que traemos encima quién sabe desde cuándo, dispuesto para abrigar a un tú imaginado. Una maleta también llena de libros, de palabras, de fabulaciones, de relaciones vertebradas en una sociedad concreta, de cuerpos anteriores y de anhelo. Pero prefiero pensar que todavía hay algo que se desplaza inexplicable, un zarpazo en el momento justo, esa pregunta a la que intentan dar respuesta los poetas, una catarata química. Porque solo entonces, en ese medio luminoso y caliente, es posible la revolución, y somos capaces de poner nuestra vida boca abajo. Eso les pasó a ellos. Y dio lugar a un amor lleno de admiración y de literatura compartida.

En el despacho de Almudena en su casa de la calle Larra, que sigue tal y como ella lo dejó a excepción de los regalos y nuevos retratos que se acumulan ahora a los pies de las estanterías, hay enmarcada una página del periódico *El País* del domingo 13 de enero de 1991. En ella aparece un grupo de personas sobre este titular: «Escritores españoles critican a EE. UU. y la implicación de tropas nacionales». La foto está tomada en el Ateneo de Madrid. Más de cien autores y autoras presentaban ante un millar de personas un texto común de rechazo a la guerra de Irak y la actuación estadounidense en el conflicto. En los extremos de esa foto en blanco y negro, ya sepia, sentados sobre el escenario, están Luis García Montero y Almudena Grandes. Fue la primera vez que se vieron.

EL PAÍS, domingo 13 de enero de 1991

Manifestaciones por la paz en las principales capitales

EL PAÍS, Madrid

Algunos de los intelectuales españoles reunidos ayer en el Ateneo de Madrid   BERNARDO PÉREZ

El Foro contra la Guerra no consigue un texto común de condena

Escritores españoles critican a EE UU y la implicación de tropas nacionales

J. C. Madrid

Volverían a cruzarse un año después, en un encuentro de escritores propiciado por el Ministerio de Cultura en la Casona de Verines, en Pendueles, Asturias.

Luis era un poeta conocido. Creía en la literatura que nacía de la calle y creía en la calle para ponerse de frente a la política. Levantó, junto a otros poetas andaluces, una nueva sentimentalidad, acorde con los tiempos que se vivían. Había recibido los Premios Federico García Lorca de la Universidad de Granada, en 1980, por *Y ahora ya eres dueño del puente de Brooklyn*, y el Adonáis en 1982, por *El jardín extranjero*. Acababa de publicar un pequeño ensayo con el escritor Antonio Muñoz Molina titulado *¿Por qué no es útil la literatura?* Y todos debatieron en torno a este tema. Almudena afirmaba que no, que la literatura no es útil, que su fuerza reside en otros territorios. Entonces Luis le dijo, refiriéndose a *Las edades de Lulú*: «Pues a mí tu libro sí me ha servido cuatro o cinco veces mientras lo leía». Con esta ácida broma, que ella entendió, se rio por primera vez con él, le asombró cómo podía parecer tan joven, y sucedió el relámpago. Almudena lo explicaba más directa: «Luis triunfó salvajemente. Debería haberle mirado mal, pero le miré bien». Luis dice que Almudena se fijó en él porque era muy buena lectora de poesía.

Siguieron encontrándose en festivales literarios y viajes. Y, a veces, quedaban para verse cuando Luis venía a Madrid. Almudena lo iba teniendo claro, pero Luis se asustaba de la posibilidad que veía en ella. A principios de 1994, Luis invitó a Almudena a un acto literario en Granada, con Mendicutti, Agustín Cerezales e Ignacio Martínez de Pisón. Fue en ese viaje cuando Mendicutti y ella vieron a Luis descargar las maletas de un coche y ella le dijo a su amigo: «Cómo me gusta este tío, a pesar del abrigo que lleva y de ese corte de pelo». Luis lo escuchó.

El 21 de abril, vuelven a verse en Sitges en un encuentro de escritores españoles que publican en distintas lenguas. Tenían habitaciones contiguas en el hotel. Recuerda Luis que, después de tomar algunas copas, los dos decidieron subir juntos a la habitación, y tuvieron que echar de allí a su amigo Benjamín Prado, que no se daba cuenta de que en ese ascensor ya sobraba uno. En el día de Sant Jordi de ese año, en el taxi hacia el aeropuerto, Almudena se lanza: «Deberías pensar en hacerte cargo de mí», le dice.

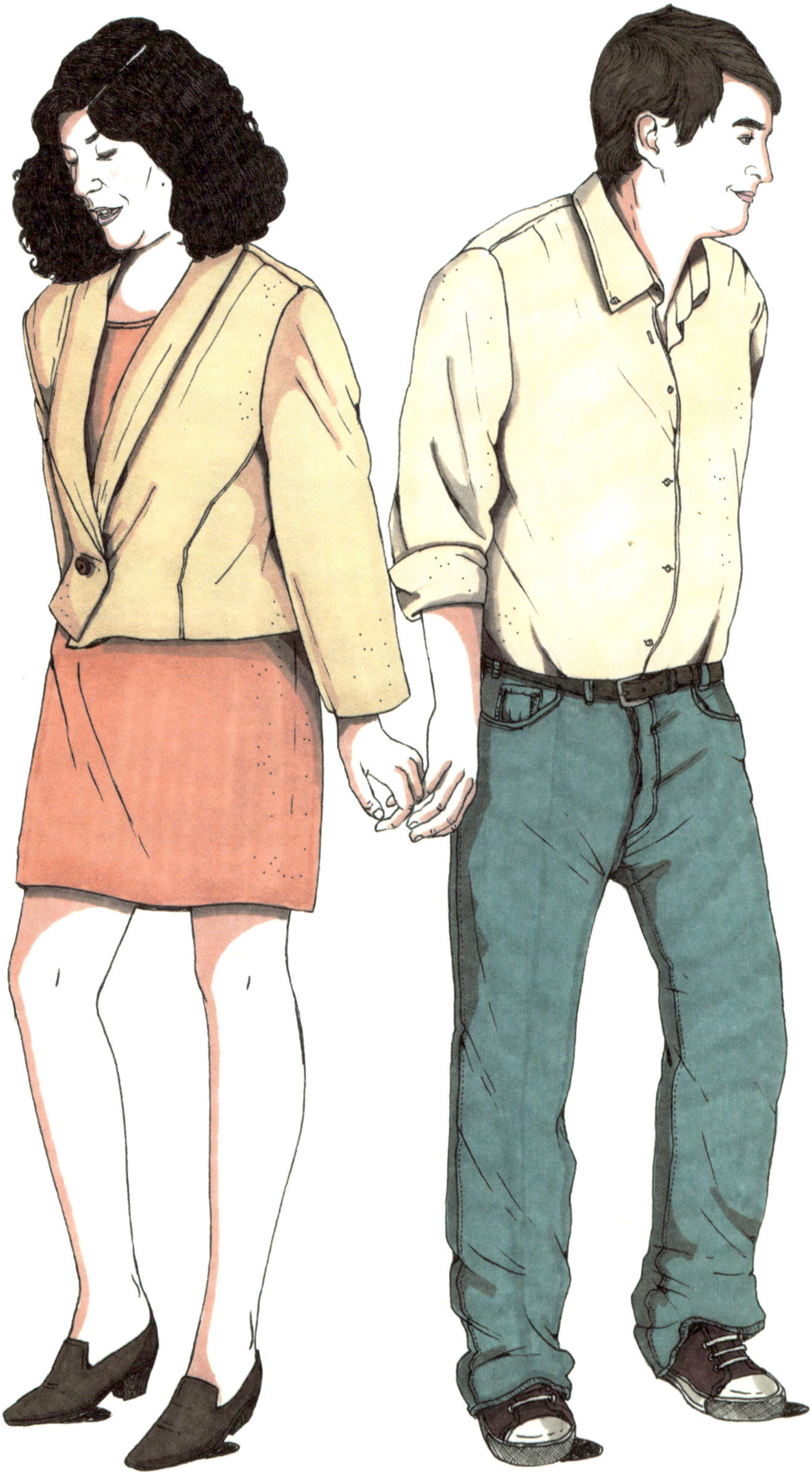

En la comida de celebración del Premio Loewe, en el mes de mayo, coinciden de nuevo; Luis, Almudena y Mendicutti. Ella le cuenta a su cómplice que Luis no se decide y Mendicutti le recomienda que le diga que se acabó, que es un «hijo de puta». ¿Se lo dijo Almudena? Se lo dijo. También le dijo que ella no quería ser la amante de los fines de semana cuando él viajaba a Madrid. Y Luis, entre una cosa y otra, conmovido por la simpatía con la que ella le ponía los pies en la tierra, se decidió.

Porque los dos tenían pareja y un hijo pequeño cada uno, ella a Mauro y él a Irene. Luis vivía en Granada, donde daba clases de literatura en la universidad, y Almudena en Madrid. Almudena estaba casada desde hacía diez años, pero había perdido interés en ese matrimonio que empezó cuando ella era demasiado joven, y Luis seguía con su novia de toda la vida. Pero algo, irremediablemente, había estallado entre los dos.

Me cuenta Luis que, en aquellos comienzos, cuando la relación la guardaban los amigos y las casas prestadas, recibió una llamada de Gloria Fuertes y la genial poeta le preguntó si tenía una relación con Almudena Grandes. Aquello se estaba convirtiendo en un secreto a voces, o a versos. «Esa me gusta a mí también», o tal vez le dijo algo más directo que no viene al caso, y Luis se rio de nuevo. Y se rio también al contármelo.

Ella acababa de publicar *Malena es un nombre de tango* y, además de participar en todas esas tertulias y debates, colaboraba, entre otros medios, en Radio Nacional de España. Me cuenta Ángeles Aguilera, testigo en primera línea de aquel tiempo, que, cuando la entrevistó para hablar de *Las edades de Lulú*, se quedó tan fascinada con su forma de expresarse y lo desinhibida que era que decidieron ofrecerle una colaboración en su programa. «Éramos opuestas, pero te trataba como si te conociera de siempre», me dice. Así que, al final, se hicieron amigas. Allí Almudena hablaba de todos los temas: las exposiciones que había visto, de cine, de libros y de los círculos literarios. «Era un trueno, pero no quería ser solo la maciza que habla de sexo».

Él acababa de publicar *Habitaciones separadas*, un libro de crisis política, y personal, decisivo en la poesía española contemporánea. De ahí nace después *Completamente viernes*, un poemario de amor, de

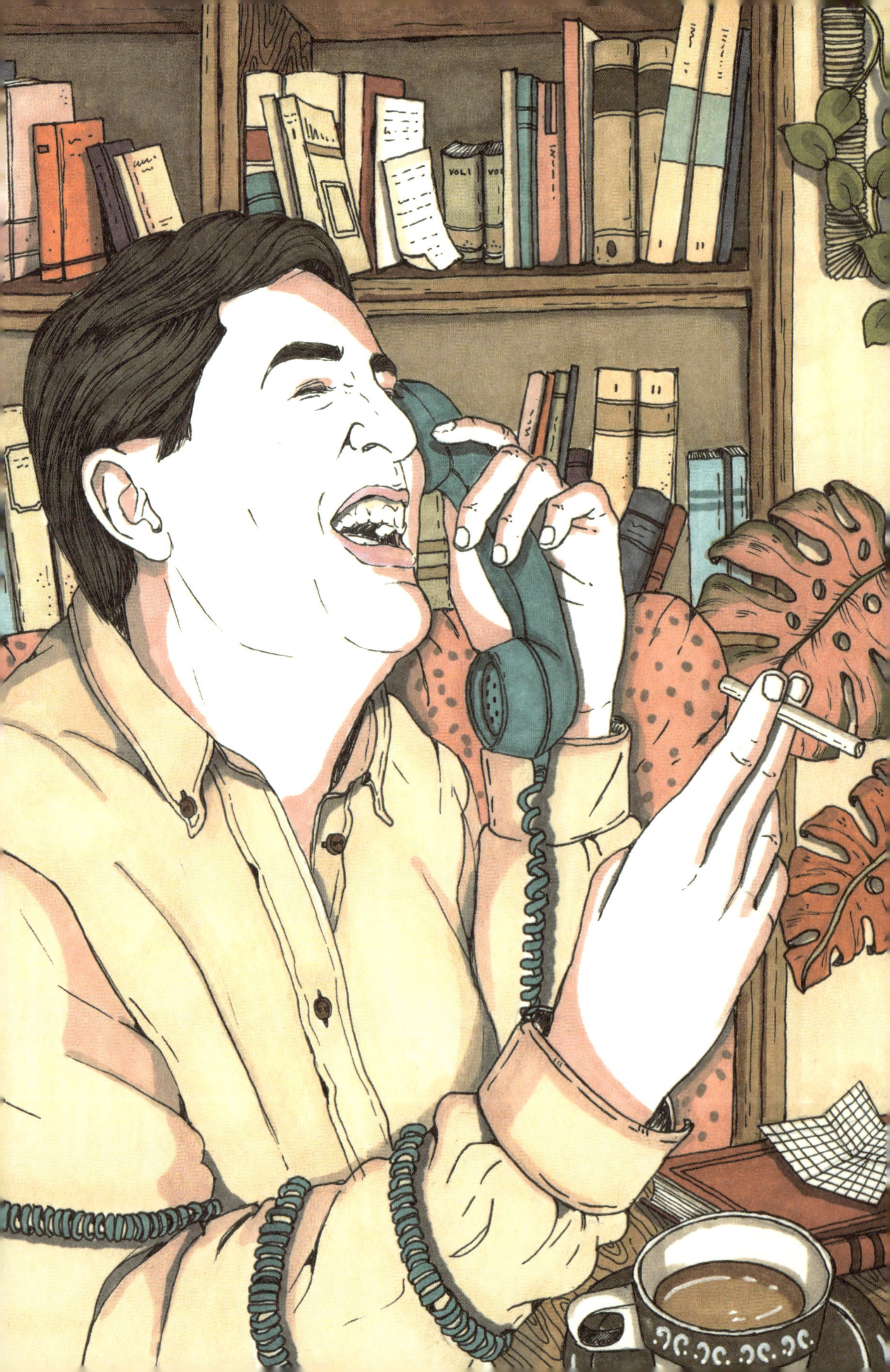

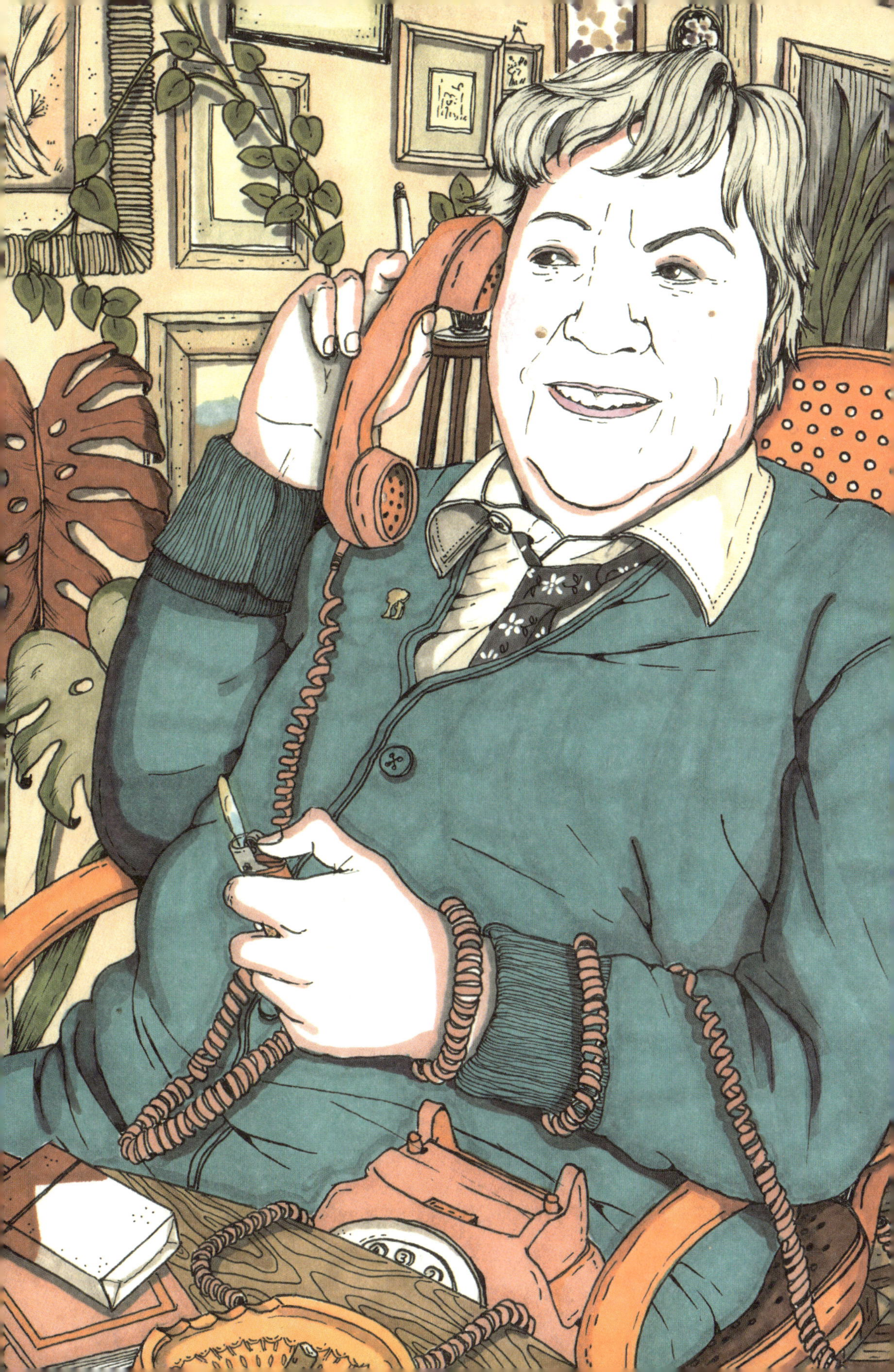

esperas, con un guiño en el título a la segunda novela de Almudena, donde el tú es una mujer que llega al final de la semana.

Luis fue enviando a Almudena los textos de *Completamente viernes* uno a uno de su puño y letra. Se los escribía en la última página en blanco de los poemarios de los amigos. Así recibió ella, por ejemplo, *Palabra sobre palabra*, dedicado por Ángel González, y con un poema manuscrito al final titulado «Tú que todo lo sabes». Está fechado en Santander, el 23 de julio de 1994.

> *Seguro que tú puedes porque lo piensas todo,*
> *pero yo nada encuentro,*
> *nada encuentro en mí mismo*
> *que no viva rendido a ser memoria,*
> *amor de ti,*
> *sombra de lo que existe porque te pertenece.*

Se veían entonces en casa de Luis Antonio de Villena o de Ángeles Aguilera. «Aquel cuarto piso de la calle Santa Isabel con tres balcones que se volcaban sobre un ensordecedor frenesí de ruidos y de gritos», escribirá ella en *Las tres bodas de Manolita*. Se habían enamorado como adolescentes, cuentan los amigos. Allí queda todavía hoy, serigrafiado en un cristal de la cocina, el poema «La ciudad de agosto», vestigio del lugar de nacimiento de la historia de la pareja. Ángeles Aguilera recuerda que Almudena sentía unos cómicos celos, porque ella era su amiga y, sin embargo, lo que sucedió en aquellos años lo relataba el poema de Luis en esa casa. En un documental sobre la obra de Luis García Montero, Almudena dice: «*Completamente viernes* es el libro más importante para mí de todos los que no he escrito yo». Contaba Almudena que lloró durante el tiempo que duró la primera lectura de aquel libro, en el teatro de La Abadía de Madrid. Un libro que se llevó consigo, literal y literariamente, hasta el final.

Ella tuvo la sensación de que lo que le estaba pasando no le había pasado nunca antes. Él supo que no podía evitar vivir esa historia de amor. Y todo saltó por los aires en septiembre y decidieron contárselo a sus respectivas parejas en el mismo día. Almudena vendió un molino que había comprado unos años antes en Segovia en un intento de traición a su espíritu urbanita. Le puso fácil las cosas al padre de su hijo para separarse. Y se fue a vivir con Luis a una casa en la parte alta de la estrecha calle Acuerdo, en el barrio de Conde Duque, pegando ya con Alberto Aguilera.

La primera vez que Luis llevó a Almudena a Granada, le dijo que irían a conocer a su familia. Y seguramente lo hicieron, pero antes pararon en el barranco de Víznar, donde están los restos de Federico García Lorca, granadino y poeta como él, y de otros miles de desaparecidos en la guerra. Para Luis, García Lorca era, además de un poeta, el rostro de una ciudad que había sido borrada con un asesinato.

En aquellos primeros viajes al sur, una noche, sobre la cama, un temblor de tierra asustó a Almudena. «¿Qué está pasando?», preguntó. Luis, acostumbrado a los leves terremotos que sacuden la zona, le dijo: «Que tú y yo vibramos así». Cuidado con los poetas.

De todas las fotos que vi de la pareja un mediodía del mes de julio de 2023, en casa de Luis y con su hija Elisa, hay una que me gusta mucho y que aparece en otra foto en la casa de Granada sobre la mesa de Almudena. Están en un patio andaluz, sentados sobre un murete. Él la recoge por los hombros, cazadora de cuero, zapatillas de lona negras, sonríe con tranquilidad mirando a cámara, y ella, con gafas de sol, vestido blanco corto y chaqueta, se apoya sobre su hombro escondida, con un cigarro entre los dedos. Tienen el único gesto que pueden tener dos personas que están por fin juntas.

Almudena y Luis se casaron en Santa Fe, en Granada, el 7 de diciembre de 1996, rodeados de la familia, de sus dos hijos y de los amigos. Ella le había mandado a la hemeroteca de la Biblioteca Nacional para que buscara en una revista un vestido de novia que le vio hace un tiempo a Ángela Molina. Se lo encargaron a una modista del paseo de Extremadura. En la boda, Almudena estaba embarazada de ocho meses de Elisa, que nacería en 1997 en Móstoles, donde trabajaba su ginecóloga de confianza. El embarazo de Mauro fue complicado y Almudena afrontaba el parto con algo de miedo. En esas fotos, brilla su cabellera negra asalvajada, la cara de mujer que espera.

Yo no sabía que a Luis le gustaba gastarle bromas a Almudena. En una ocasión, ella quiso regalarle a él, gran bibliófilo, una primera edición de un libro de Antonio Machado. Lo buscó y lo encontró. Aquel regalo llegó a la casa cuando Almudena no estaba y Luis abrió el paquete. Entendió lo que era y decidió guardarlo. Al día siguiente, le dijo: «Mira lo que me he comprado». La cara de Almudena se

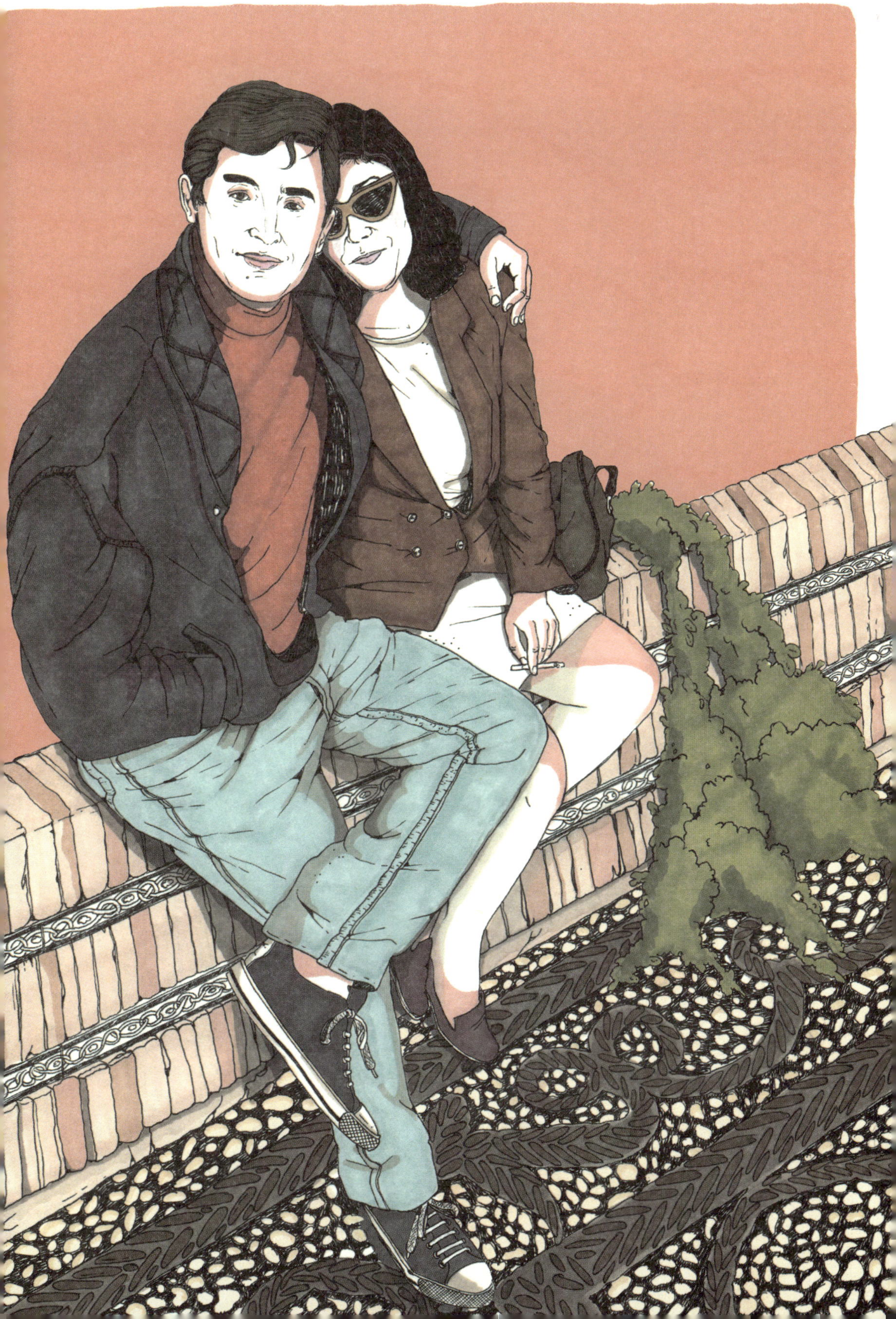

transformó, se enfadó, se puso de los nervios. Finalmente, Luis confesó. Y todavía se ríe recordándolo.

Recuerdos que nos descubren a una mujer que, a pesar de su fuerza, no había perdido del todo la inocencia, y también a un poeta con cierta guasa. Algunos años después, por el cincuenta cumpleaños de la escritora, Joaquín Sabina y él le dijeron que esperaban una visita especial. Por aquel entonces, los reyes, entonces novios, habían cenado en casa del cantante y habían trascendido ciertas anécdotas. Almudena preguntó: «¿No vendrán Felipe y Letizia?». No respondieron, pero alargaron su inquietud. «Aquí no pueden entrar, yo soy republicana», les decía ella. Quien se presentó fue el premio Nobel Gabriel García Márquez, amigo de Sabina y de visita en Madrid. Pidieron por favor a todos los invitados que no lo atosigaran. Y García Márquez se pasó el cumpleaños de Almudena extrañado de que nadie se acercara a hacerle preguntas y lo hubieran dejado tan, demasiado, en paz.

En esa casa, los despachos de Almudena y Luis son contiguos y están unidos por una puerta blanca de cristal siempre abierta. El de Almudena, abarrotado de objetos y de libros de suelo a techo; el de Luis, un pequeño caos poético de papeles y libros. Desde sus mesas se hacían preguntas, buscaban sinónimos, aclaraban la sintaxis, se leían el uno al otro. Luis, sus poemas; ella, fragmentos de sus novelas, frases sueltas. Almudena afirmaba que los novelistas son los proletarios de la escritura. Con sorna, decía que los poetas son más vagos, porque ni siquiera rellenan las líneas y escriben de otra manera. Solo quien sabe de los mágicos caminos de los que procede la literatura puede rastrear el difuso origen de las palabras y entender que este es un oficio de soledad, horarios, frustración y victorias. Es hermoso enamorarte de alguien que lo entienda y lo comparta.

La admiración mutua se filtró a las páginas, se extendió el amor desde la vida a sus escrituras como una materia, a veces evidente, a veces velada. El rastro de Almudena puede seguirse en los poemas de Luis. Me pregunto cuál será la presencia de Luis en los libros de Almudena, ¿habitará él también, por ejemplo, en alguna escena de la posguerra en España? Alguien me dice que sí, que ahí está.

Hay un verso de Jaime Gil de Biedma, amigo en la juventud de Luis García Montero, inspirado en otro verso de Marlowe, que dice: «A quien del mundo huye, raras veces la vida le perdona». Luis explica que, de aquella vez, de aquel flechazo, ninguno de los dos escapó. Se sumaron dos personas comprometidas con la vida, con las

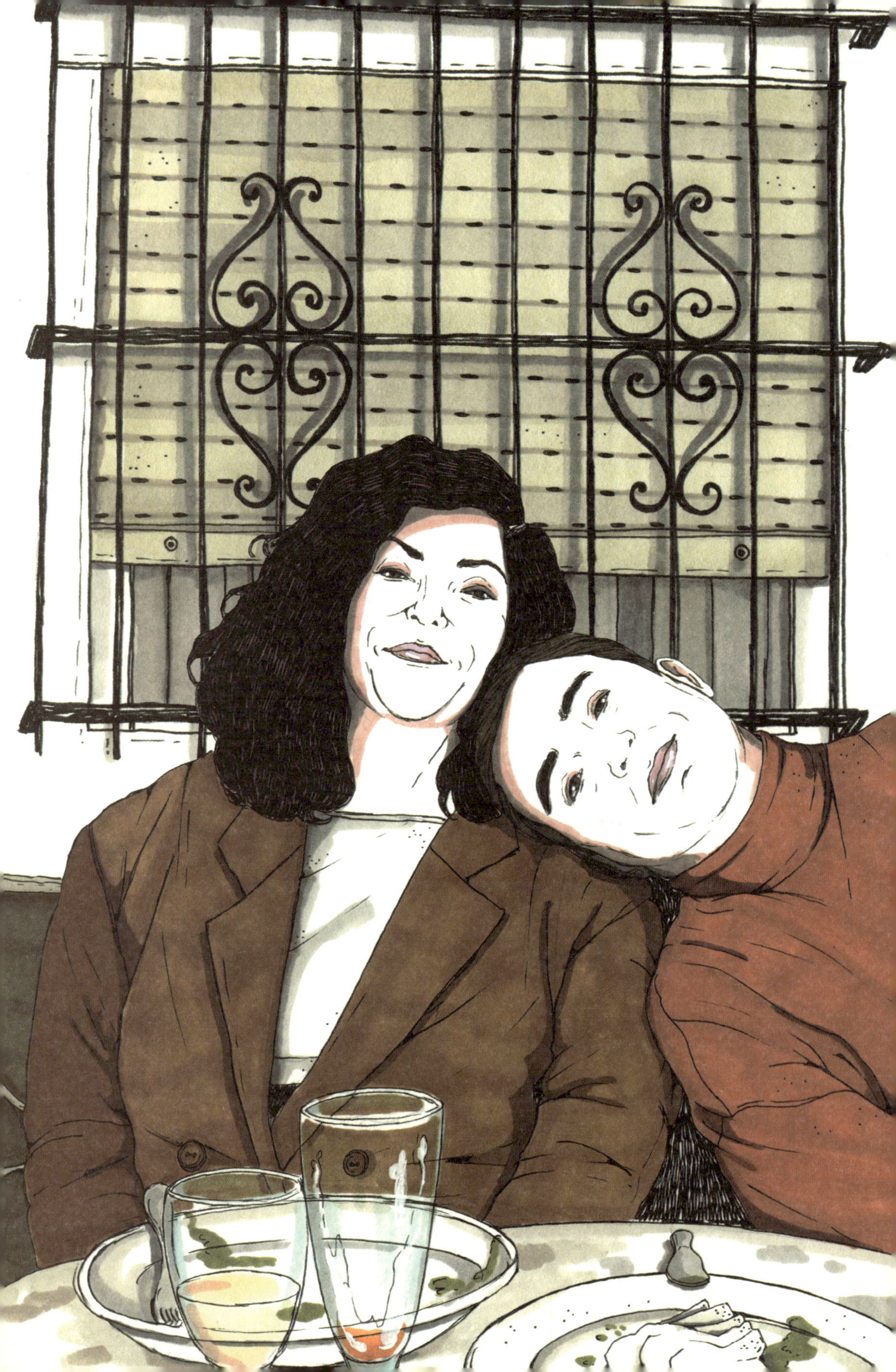

ideas, con la literatura. Nació una de las historias de amor más intensas de las letras. Una relación admirada y envidiada, llena de alegría y de enfados monumentales, cuentan los amigos. Pero nos acostumbraron a una complicidad desacostumbrada. A todas esas dedicatorias insistiendo en sus primeras páginas. Como esta de *Atlas de geografía humana*: «A Luis, que entró en mi vida y cambió el argumento de esta novela. Y el argumento de mi vida». O esta, de la *Poesía completa* de García Montero: «A Almudena, que me abriga con una mirada de mis silencios y me defiende con una sonrisa de mis palabras». O todas las de los *Episodios*: «A Luis. Otra vez, y nunca serán bastantes». O esta del relato «El vocabulario de los balcones», que se publicó en *El País* y forma parte del libro de cuentos *Modelos de mujer*: «Si alguna vez la vida te maltrata, acuérdate de mí, que no puede cansarse de esperar aquel que no se cansa de mirarte». Ese relato está dedicado, precisamente, a Ángeles Aguilera. En 2001, Juan Vicente Córdoba dirigió una película titulada *Aunque tú no lo sepas,* basada en este cuento de Almudena. El cantautor Quique González también musicó los versos que siguen a ese título y así se llamó el documental que recorre la obra y los años de Luis García Montero, estrenado en 2016. Un círculo de creaciones.

Termino este capítulo en la mañana de mi cumpleaños y quiero hacerle hueco en mi casa a un deseo: que venga siempre la revolución y que nos lleve.

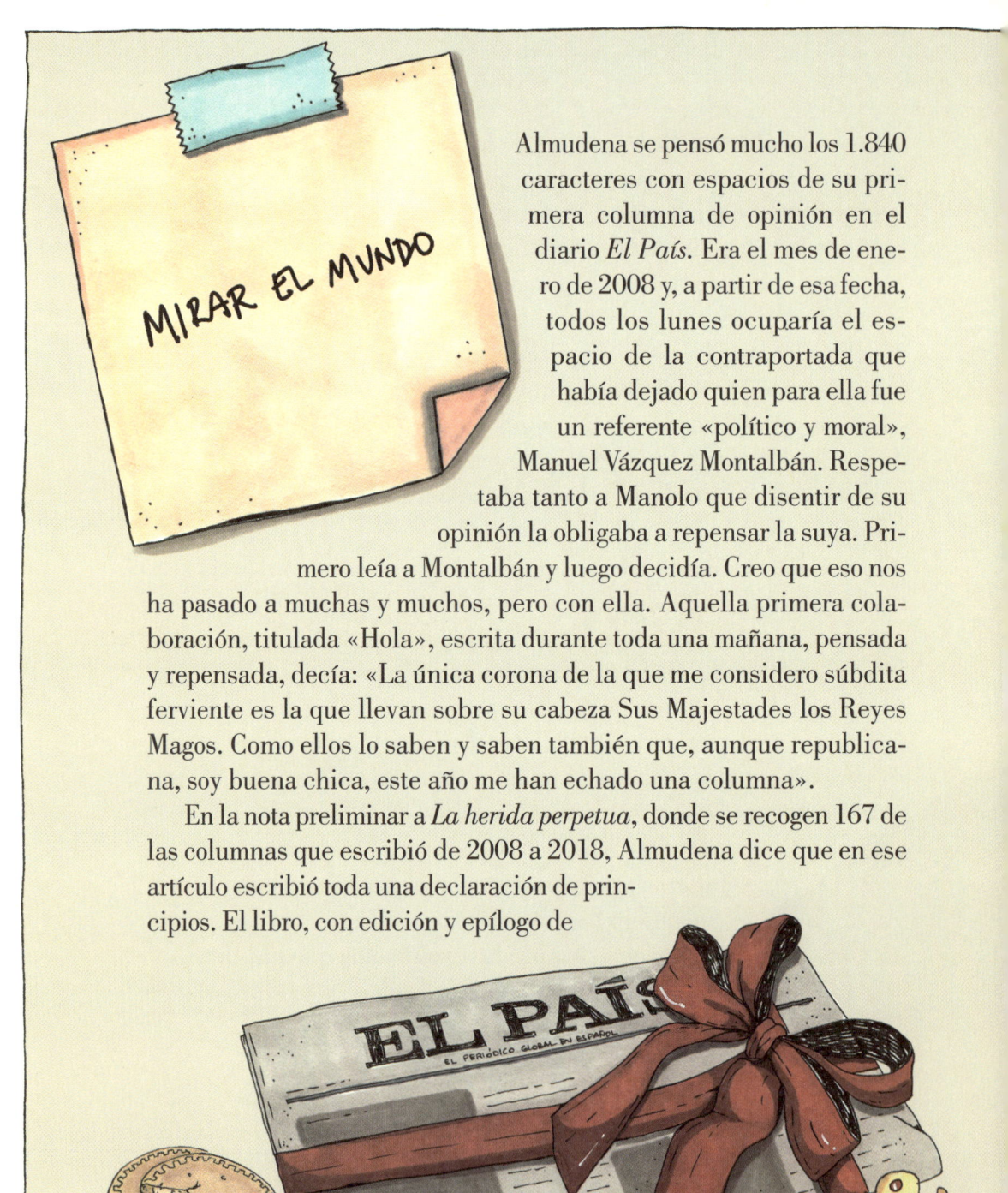

MIRAR EL MUNDO

Almudena se pensó mucho los 1.840 caracteres con espacios de su primera columna de opinión en el diario *El País*. Era el mes de enero de 2008 y, a partir de esa fecha, todos los lunes ocuparía el espacio de la contraportada que había dejado quien para ella fue un referente «político y moral», Manuel Vázquez Montalbán. Respetaba tanto a Manolo que disentir de su opinión la obligaba a repensar la suya. Primero leía a Montalbán y luego decidía. Creo que eso nos ha pasado a muchas y muchos, pero con ella. Aquella primera colaboración, titulada «Hola», escrita durante toda una mañana, pensada y repensada, decía: «La única corona de la que me considero súbdita ferviente es la que llevan sobre su cabeza Sus Majestades los Reyes Magos. Como ellos lo saben y saben también que, aunque republicana, soy buena chica, este año me han echado una columna».

En la nota preliminar a *La herida perpetua*, donde se recogen 167 de las columnas que escribió de 2008 a 2018, Almudena dice que en ese artículo escribió toda una declaración de principios. El libro, con edición y epílogo de

Juan Díaz Delgado, estudioso de la obra de Almudena, aborda un tema que atraviesa buena parte de sus artículos: España. Ella decía que escribir opinión es proponer una mirada oblicua a la realidad para tratar de comprenderla. Esos diez años, afirmaba, fueron muy intensos y fructíferos para el columnismo, también un aprendizaje para la escritora, quien no pudo dejar de lado ya nunca la actualidad, y muy duros para demasiada gente.

La escritura es un acto ideológico, porque exige mirar el mundo y contar lo que se ve, y eso es así cuando escribes novela, poesía o artículos. Mis columnas reflejarán de forma activa mi implicación con la realidad.

Pero también lo personal se cuela entre las líneas. Recuerdo especialmente el artículo que Almudena le dedicó a su amigo el poeta Ángel González tras su muerte: «Ahora tendré que aprender a vivir sin Ángel y no será fácil, porque ha dejado tantas luces encendidas que no sé cómo voy a apagarlas».

No eran aquellas sus primeras colaboraciones, desde 1999 escribía en *El País Semanal* cada quince días. Ella decía que un mercado es un mundo completo en las tripas del mundo. Así que su sección se llamó *Mercado de Barceló*, igual que esas céntricas galerías donde ella hacía la compra. Una sección que, tras la publicación del libro que recogería esos artículos en 2003, pasaría a llamarse *Escalera interior*. Allí escribe acerca de ese pequeño microcosmos comercial a través de crónicas y relatos que radiografían la sociedad española. Son más literarios que las columnas del periódico y en ellos aparece todo un desfile de personajes: pescaderas, amas de casa, encuentros en la calle.

> La lógica del perdedor obedece a reglas que solo el perdedor conoce. Las saben de memoria el charcutero, el carnicero, el pollero, pero su conocimiento no les consuela. Tampoco a mí. La desolación es el único árbitro que gobierna en el paladar el del perdedor, y la desesperanza, su auxiliar más eficaz.

Este artículo habla, por supuesto, del Atlético de Madrid.

También en la SER tenía una columna semanal, desde la que leía la realidad. «Piénsenlo bien, porque no nos estamos jugando el presente, sino el futuro. Porque la ultraderecha ya está aquí. Porque está llamando a la puerta. Y esta vez, por nuestras hijas, por nuestras nietas, pero también por nuestros abuelos, no podemos dejarla pasar. Esta batalla se gana votando. Que el domingo nadie se quede en casa, por favor». Aquel pódcast se llamaba «Por favor», y en él apelaba al voto en las elecciones de 2019.

Hoy, en este mes de octubre de 2023, cuando una guerra antigua asola una vez más Oriente Próximo, pienso en la fuerza que puede tener la palabra y si es pertinente utilizarla y cómo. Y me pregunto si ella habría dado algo de luz en estas tinieblas internacionales. Porque eso también nos falta, el espacio público que ocupaba su voz. Pero encuentro entonces un artículo de Almudena sobre Gaza de 2021 y que puede volver a leerse muy bien ahora. Se titula «Gaza: iniquidad». Y en él escribe: «Mientras tanto, en los territorios palestinos, millones de personas hacinadas, desabastecidas de los bienes más básicos, desprotegidas frente a la pandemia, afrontan la incógnita de la proximidad de su muerte». Es hoy.

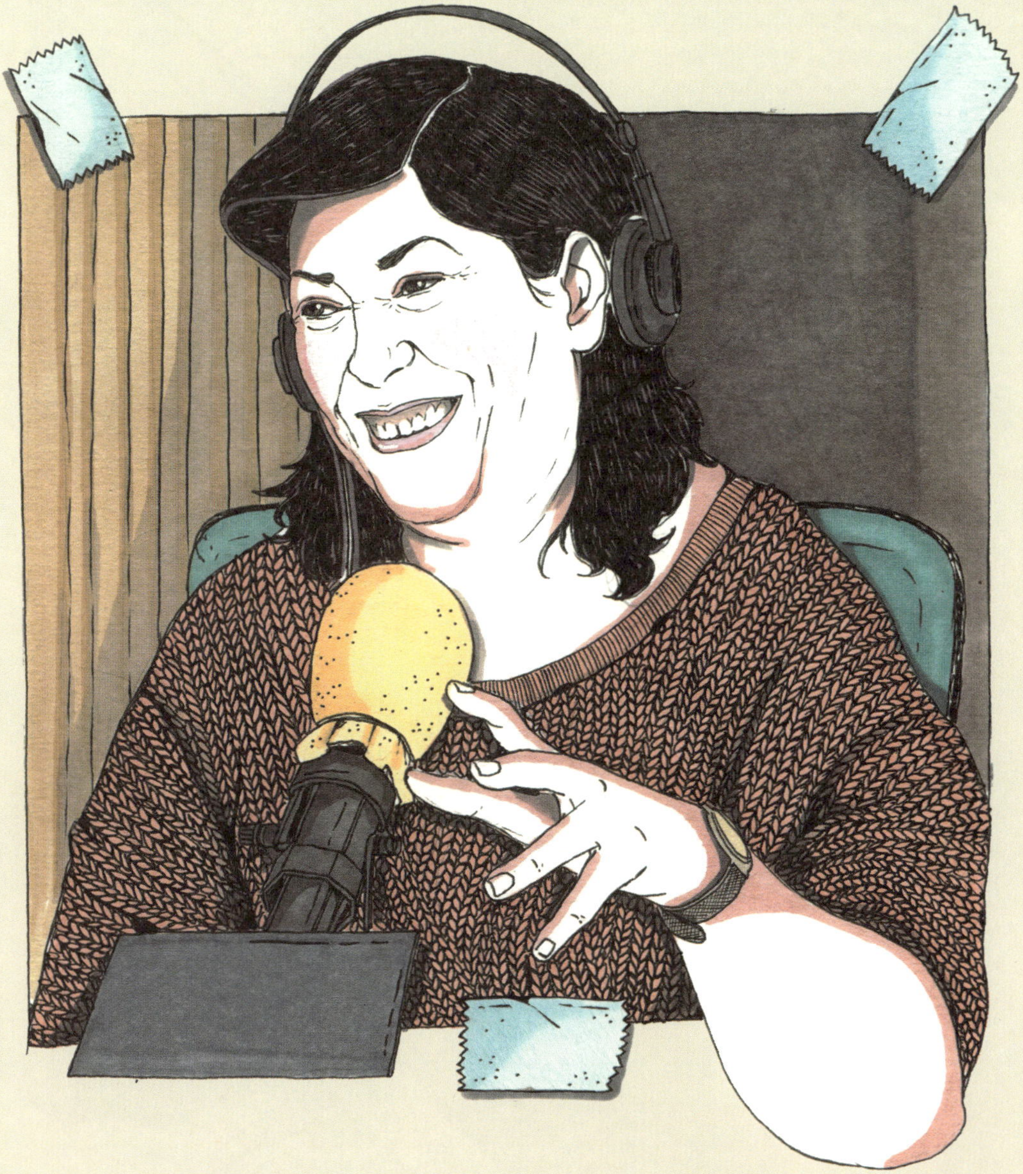

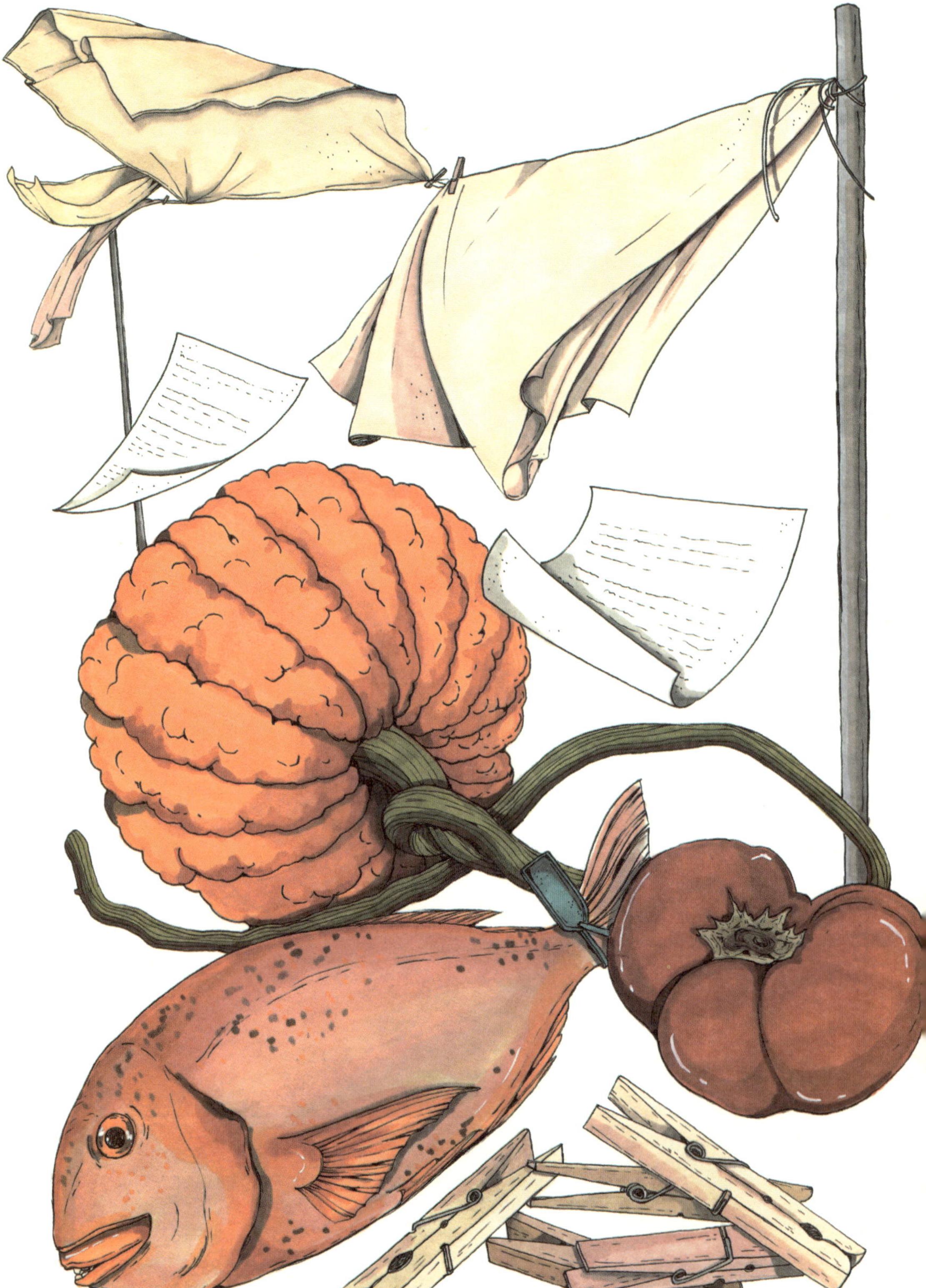

La lección del viento

En algunos códigos penales antiguos, el viento era un atenuante de los delitos. El viento no produce locura, pero sí aturde, y bajo el aturdimiento, a veces, se nubla la razón. En Cádiz soplan vientos desde todos los puntos cardinales. Pero son el levante y el poniente los que marcan la vida de su costa. Cuando sopla poniente desde el océano Atlántico, se despeja el cielo y bajan las temperaturas. Pero, cuando hay levantera, que viene del este, la arena se clava como alfileres en la piel, el cielo está turbio y el ambiente es bochornoso. Es el viento más cruel de todos. Sobre todo, en los veranos.

«Haberme muerto antes / para sentir tu ausencia / en los aires difíciles». Son versos de un poema titulado «Antes», de Manuel Altolaguirre. De ahí extrajo Almudena el título para su quinta novela, *Los aires difíciles*. Había tardado cuatro años en escribirla. Quién sabe cuántos vientos en pensarla. Una novela que fue un punto de inflexión narrativo, un giro de timón hacia el sur y hacia una ficción más pura, que se alejaba por primera vez de ese mundo suyo madrileño y generacional al que miraban sus cuatro novelas anteriores.

Es agosto de 2023. Ninguno de estos días ha soplado el viento en Rota. Paso unos días en la casa de Luis y Almudena. Está en una zona tranquila, alejada del pueblo, rodeada de urbanizaciones de veraneo, detrás de un pinar. Los árboles se cuelan en la construcción de líneas rectas, entran al salón junto al piano, se retuercen sobre los muros encalados, levantan con sus raíces el suelo, el jardín alto pesa sobre los cristales modernos. Alrededor de la vivienda antigua, que fue de los padres de Felipe Benítez Reyes, se construyó la casa nueva, blanca, abierta a la luz, de patios que al atardecer huelen a jazmín, con una torre alta, la habitación de Elisa, donde yo duermo. Alguno de sus amigos lo dice: «Esa casa es lo que quería Almudena».

La paseo sola una mañana seguida por Fucu, el perro de Mauro. Subo y bajo sus largas escaleras de hormigón, miro su horizonte. Me siento extraña. En ese silencio que rompen los zureos de las palomas y los gritos de las gaviotas, echo de menos su presencia de una forma rara. Nunca estuve aquí con ella. No la vi caminar por este suelo de cemento gris, levantarse con una túnica de verano comprada en el mercadillo, no la vi escribir frente al ventanal que da al jardín y que también, como en la casa de Madrid, se comunica con el despacho de Luis. Pero intento adivinarla en la disposición de los cubiertos guardados en los cajones de la cocina, recogiendo las frutas de la huerta, en las conversaciones políticas con los amigos en el patio, comprando el mantel que está sobre la mesa desde la que ahora mismo escribo y que no alcanza sus extremos, tapados por dos caminos de mesa traídos probablemente de algún mercado latinoamericano. La busco en el eco de una cotidianeidad que es, precisamente, lo que desconozco y donde ya no voy a poder encontrarla. Y, aunque los días que paso en la casa son amables y muy divertidos, nos reímos, también cantamos, salimos y entramos, no me abandona cierto malestar de intrusa.

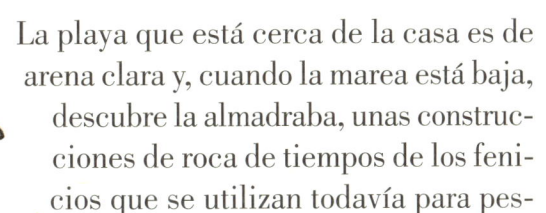

La playa que está cerca de la casa es de arena clara y, cuando la marea está baja, descubre la almadraba, unas construcciones de roca de tiempos de los fenicios que se utilizan todavía para pescar, reconstruidas mil veces. Los peces y los mariscos quedan atrapados en las piscinas y los pescadores los recogen. Así se pescaba el atún antiguamente. Almudena lo contó muy bien en un documental que hizo Televisión Española titulado *Esta es mi tierra*, donde recorre sus dos paisajes preferidos, Madrid y Rota.

Caminando hacia el oeste por ese litoral, mientras el mar deja emerger y vuelve a cubrir las líneas rectas de los corrales, se llega a Punta Candor. Hacemos el paseo con Luis una mañana, nos bañamos en esa otra playa que tanto le gustaba a ella. Es una playa sin casas, con dunas, de agua verde azul. Allí flota la boya roja de sus veranos.

Cuando llego hasta la muralla de piedras que protege de las mareas a la que seguimos llamando «casa ilegal» a pesar de la última ley de costas, me doy la vuelta, ando un poco más y me meto en el mar. Cuando la marea está baja, llego hasta la boya. Cuando está alta, a veces, me rindo antes, pero siempre avanzo cien brazadas contra la marea y después me dejo arrastrar hasta la orilla.

Un atardecer, con Cádiz muy claro al otro lado de la ventana y de la bahía, Ángeles Aguilera y yo hablamos de ella en su casa. De los veranos. De ese tiempo que, para la escritora, era el tiempo de la felicidad. «Cada verano es distinto, la vida pasa», me dice Ángeles. Me cuenta cómo fueron llegando todos a este lugar. Primero, Luis

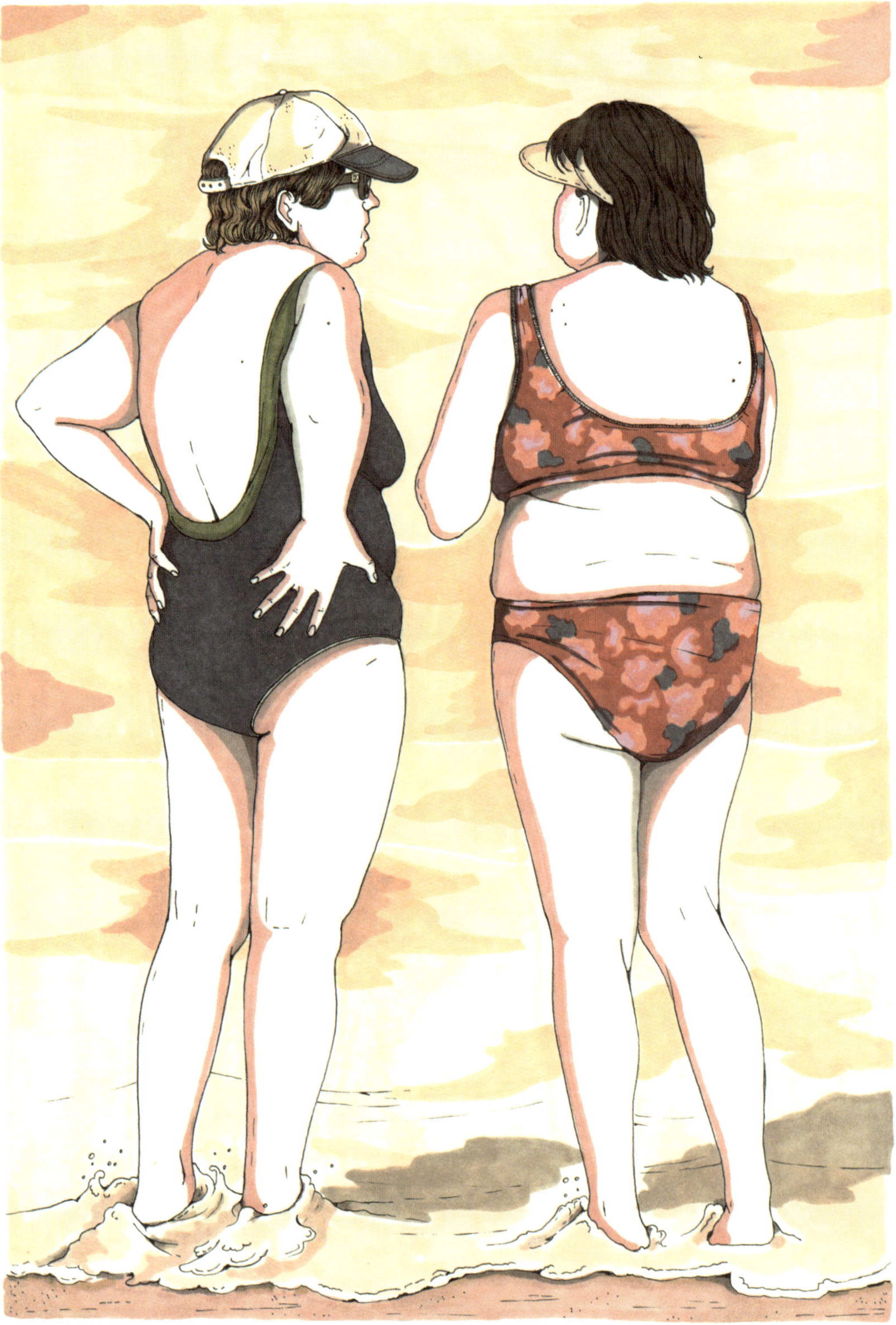

y Almudena, porque allí estaban Felipe Benítez Reyes y Silvia; luego Joaquín Sabina y Jimena, Benjamín Prado, María y sus hijos, Chus Visor, Conchita y los suyos, Ángeles y Bienve y algunos amigos más. Me cuenta Ángeles que Sabina un día dijo que ese grupo debería llamarse «los Almudenos». Porque ella tenía esa virtud, conseguía reunir a desiguales, la hospitalidad en torno a una mesa para personas muy distintas. Me dice también que ella se enfadaba con Luis, porque de pronto se plantaba con seis amigos en casa y le destrozaba el menú previsto. «Se enfadaba de verdad», insiste. Así que dejó de poner una silla y un plato a cada uno. La comida, al centro de la mesa, los huevos rellenos, la tortilla, las ensaladas de tomate, y cada uno que cogiera como pudiera y quisiera. Ángeles me enseña una fotografía en su teléfono en la que aparece Almudena absolutamente feliz porque el huerto de la casa ha dado su primer melón.

Siendo ella de Madrid y él de Granada, escribe el poeta gaditano Juan José Téllez en un artículo, encontraron en Rota una forma de estar en un nosotros. Hasta aquí llegó también otra pareja de escritores muchos años antes: María Teresa León y Rafael Alberti. A Alberti se le menciona en esta casa todos los días a través de anécdotas alegres. Aquí estaban los dos cuando la madre de María Teresa, Oliva Goyri, llamó al hotel donde se hospedaban y les dio la noticia: se había

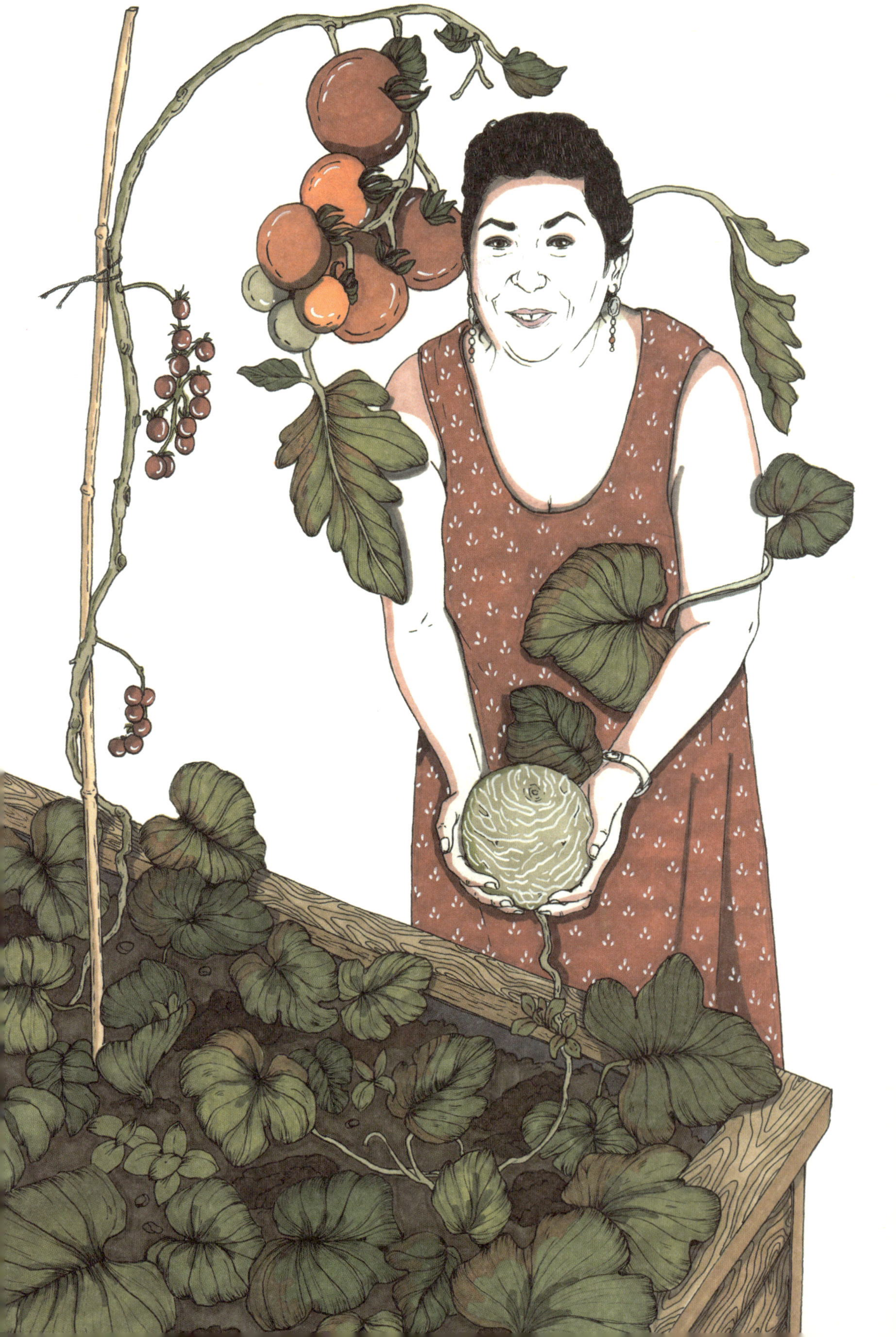

proclamado la Segunda República. María Teresa y Rafael salieron a la calle, había ambiente de júbilo, la bandera tricolor ondeaba en el ayuntamiento.

Una noche, paseando por el centro del pueblo, Luis nos lleva hasta la plaza Barroso, donde está la primera casa en la que vivieron al llegar a este lugar. En ella escribió Almudena parte de *Atlas de geografía humana*. Era de un profesor de inglés del instituto de Rota y se la alquilaban durante los veranos.

Desde la Cofradía, en el muelle, llaman por números a las mesas para que se acerquen a recoger los pescados. La base militar ilumina el otro lado de la bahía. Unos pasos más allá, sobre azulejos, está grabado un fragmento de una columna que Almudena le dedicó a su playa:

El amor verdadero no tiene que ver con el verbo poseer, sino con el verbo pertenecer. El sentimiento de pertenencia es mucho más rico, más complejo y perfecto que la simple posesión. Es imposible poseer una playa, pero es muy fácil pertenecer a alguna, y esta es la mía, no la que poseo, sino la que me posee cuando puedo olerla, para ejercer la misma fascinación cuando me encuentro a centenares de kilómetros de sus orillas.

Y todo me parece estar de pronto lleno de su empeño por retratar este rincón.

Los aires difíciles es una novela de casi seiscientas páginas, trabada bajo una estructura compleja y varios tiempos, alineada con la mejor tradición de las novelas decimonónicas. Contaba su autora que lo que más le costó fue que los tres planos en los que se desarrolla la trama fueran armónicos y avanzaran con ritmo: la historia de Juan, el pasado de Sara y la vida que se narra desde el momento en que se encuentran, vecinos en una urbanización costera. La estructura de las novelas, a la que Almudena dedicaba mucho trabajo, hace magia cuando las sostiene el lector en sus manos. No se ve, está oculta, pero es el cimiento indispensable para que todo ese torrente de palabras tenga un sentido: organiza, produce el ritmo y mantiene el rugido del motor. La imagen que activó la escritura la encontró en la forma de construir las casas en Rota. En lugar de verjas o setos, tienen una pared de ladrillo. Así que no se puede ver lo que sucede dentro, tampoco desde la casa de al lado, y menos desde la calle. Le pareció un lugar perfecto para exiliar a unos personajes que llegaban cargados de pasado.

El amor en esta novela es difícil. Duro e inesperado, como el levante y algunas formas del sexo. Decía Almudena que los amores difíciles, si no acaban siendo fáciles, no fueron amor; eran otra cosa. Esta novela cuenta, entre varias historias, la de un amor clandestino extendido a lo largo de los años. El de Juan y Charo, cuñados entre sí, cuya pasión acabará desembocando en formas muy oscuras. Una quiere sacar al doctor Juan Olmedo de esa historia casi desde la primera línea. Pero quién no se ha empeñado en alguna ocasión en lo difícil. Es la primera vez que Almudena afronta la escritura con un personaje masculino central, que no se completa gracias a las mujeres que lo narran, y del que le dice a Julia Otero, en una entrevista para TV3 en el año 2002, que es ella misma con otro género.

Juan es un personaje redondo. Porque lo sabemos capaz de lo peor, porque juzgamos desde nuestro presente su clasismo y su machismo cuando se acuesta con la mujer que limpia su casa. Pero le vamos perdonando, vamos queriéndolo cada vez más.
«Maldita sea, queremos

salvarlos siempre», pienso. También hoy. Maribel le dice: «Yo no quiero que usted me proteja. No quiero que nadie me proteja. Yo lo que quiero es que me folle». Tal vez esa sea la trampa tendida en la novela: ser capaces de pasar por alto todo aquello contra lo que ahora estamos prevenidas. Almudena retuerce con el lenguaje lo socialmente aceptable y nos sitúa en un nuevo cuestionamiento de lo que cada uno entendemos por moral.

También cuenta *Los aires difíciles* la historia de Sara Gómez, quien, como Juan, está desahuciada en ese mismo sur, pero en la casa de enfrente. Los dos se encuentran un verano, surge entre ellos una amistad y forman una especie de nueva familia desestructurada. Los dos arrastran sombras muy distintas. Sara es hija de una familia de perdedores de la guerra, pero la han criado en una casa de la calle Velázquez, y así asoma aquí, casi por primera vez de forma explícita, y como consecuencia presente de un pasado sin resolver, lo que se convertirá en el motivo del resto de sus novelas: los vencidos de la guerra civil española.

Ella acusa otra forma de aislamiento de su propia familia y recurre a una soledad física e interior en ese nuevo espacio elegido. Cuando Sara termina la secundaria, la familia que hasta entonces ha cuidado de ella la devuelve con sus verdaderos padres, frustrando sus sueños, pero no todo acaba ahí para ella. Su venganza, a diferencia de la del médico Juan, será mucho más lenta. Sara es un personaje «moralmente» defendible, pero que esconde, como su vecino, un infierno dentro.

Parece que tengo una debilidad por *Los aires difíciles* y una incomodidad íntima con Cádiz, pero pienso, ahora que he releído casi toda su obra de nuevo y estoy aquí, en su sitio de la felicidad, que es una de mis novelas preferidas, lo que no quiere decir que sea la mejor, pero yo la leí en su mejor momento. O en el mío. Porque sus personajes rompen con las normas de entonces y de lo esperable de esa clase media alta española que llegó a la madurez con el nuevo siglo, al igual que Almudena.

Hay que saber encontrar el buen momento para los libros, para las venganzas, para acabar con la soledad. Porque el viento, tarde o temprano, también sopla a favor y mueve los barcos. Borra las huellas en la arena. Esa podría ser su gran lección para los que nos quedamos aquí. Porque la vida, como recuerda su amiga, continúa. Y todos habitamos en algún momento, decía ella, paraísos amenazados por los vientos.

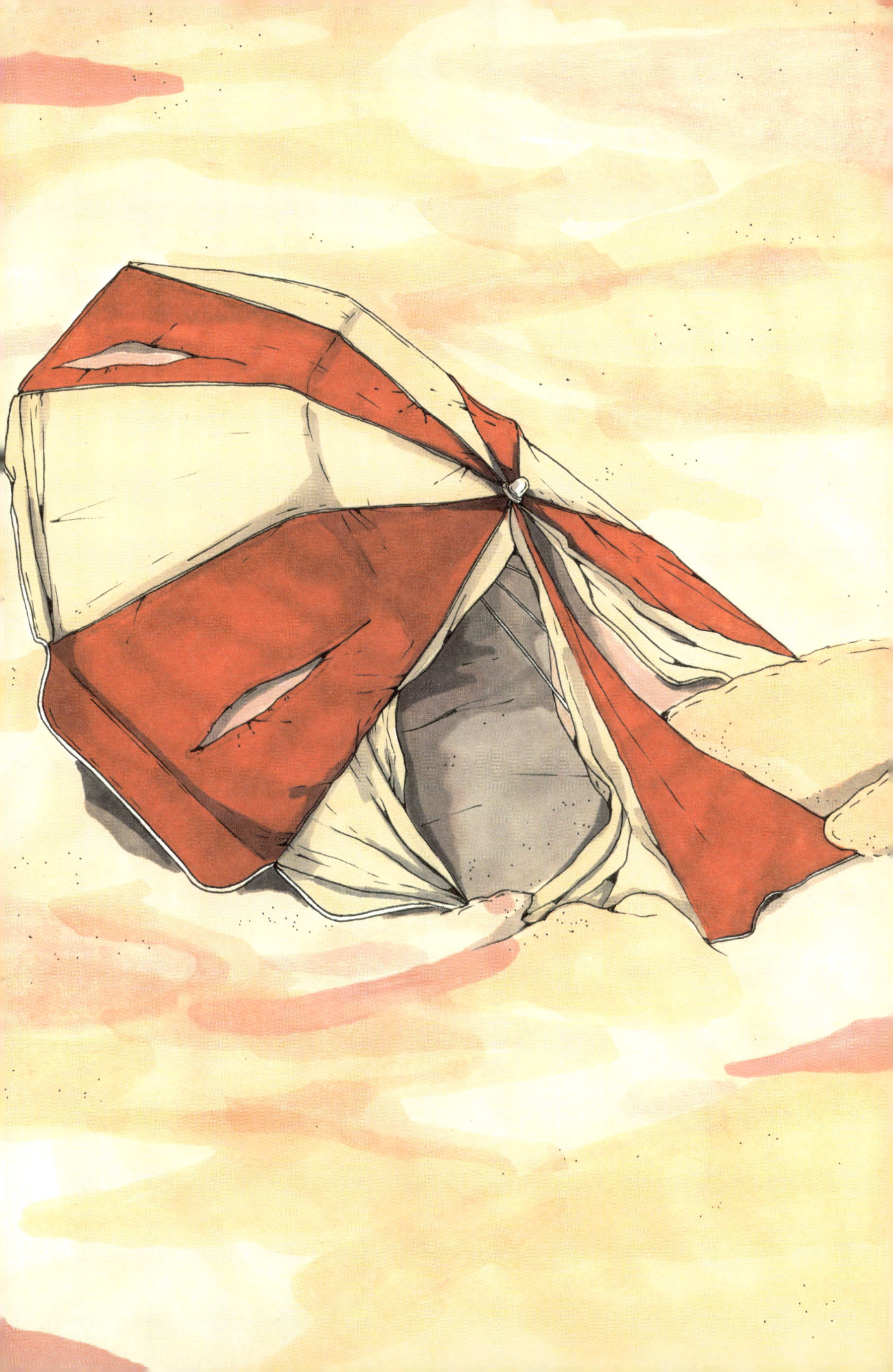

ATLÉTICO DE MADRID

Igual que eligieron mi nombre, me enseñaron que «fútbol» se pronuncia «Atleti», y jamás lo llamé de otra manera, aunque las niñas de mi colegio no lo podían entender. Yo no elegí el infierno ni el cielo, pero las rayas rojiblancas ensanchan y comprimen mi corazón cuando late por mi equipo. Nosotros, los colchoneros, no somos del Atleti. Nosotros, los indios, somos el Atleti.

Cuando Mauro era un niño, la escritora se lo encontró llorando una tarde delante de la televisión con su bufanda atlética al cuello. Habían perdido contra el Real Madrid. Le dijo: «Mauro, hijo, yo ya soy muy mayor, pero tú puedes hacerte todavía del Madrid y así sufrirás menos». El niño la miró y respondió: «Mamá, ¿cómo puedes decirme tú una cosa así?». Almudena supo que también sería atlético para siempre.

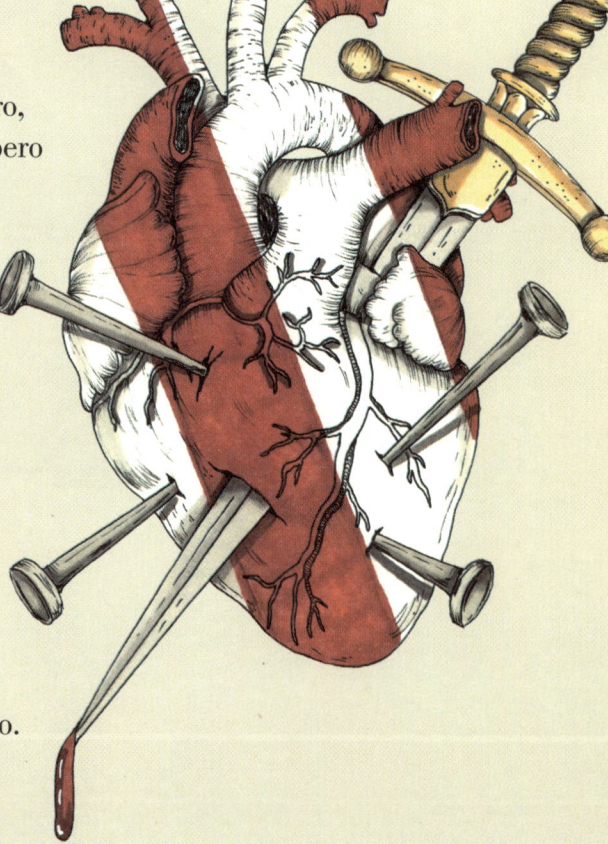

Y es que ella era nieta, hija, hermana, madre y amiga de atléticos. Su padre rompió el carnet tres veces, pero murió colchonero. Dice Elisa que, de todos los recuerdos con su madre, guarda consigo con especial cariño lo que disfrutaron juntas en el ya derruido estadio Vicente Calderón o viendo el fútbol por la televisión en casa. Porque no es que Almudena fuera una aficionada, es que era toda una experta técnica. «En una familia de todos los palos ideológicos, el fútbol ha sido un gran aglutinante, una fórmula mágica que sentaba y sienta a los Grandes Hernández frente a una pantalla», dicen sus hermanos. Lo que no tuvo Almudena fue un marido atlético. Luis es del Granada y del Real Madrid. Él dice que era difícil ver un partido en la misma habitación que ella. Almudena contaba que, una vez acabado el partido, acordaron que no se harían comentarios hirientes. Vinieran la una de Neptuno o el otro de Cibeles.

Almudena fue al Calderón por primera vez con sus padres a los diez o doce años. Le sorprendió la afición del Valencia, al que habían ganado. Le impresionó que toda esa gente hubiera ido hasta Madrid solo para perder. Recordaba Almudena a su abuelo Manolo entregado a la contienda televisada, un hombre pacífico que solo perdía las formas viendo al Atleti. Y a su tía Charo dándole un tranquilizante Dapaz y un vaso de agua. Recordaba también a su abuela esperándolo en el balcón de la casa de la calle Fuencarral y adivinando el resultado del partido por el ánimo que traía el hombre caminando. Si habían ganado, llevaba pasteles; si habían perdido, mandaba a los niños a la cama rápidamente. Manolo Grandes volvía de ver los resultados en unos grandes marcadores que ponían en la Puerta del Sol cuando el partido no era en el Metropolitano.

Trascendental desde la alegría, apasionadamente irracional, decía que lo mejor que le dio el fútbol es haber aprendido que el dolor y el sufrimiento de la afición forman parte de la felicidad. Que los atléticos carecen de arrogancia y tienen una actitud incombustible ante el fracaso. Ser del Madrid era lo fácil, y añadía: «Lo de ser del Atleti es otra cosa». Y afirmaba entre risas que, al igual que la historia de la humanidad se divide en dos periodos, antes de Cristo y después de Cristo, la historia del Atleti se divide también en dos, antes del Cholo y después del Cholo. Según Almudena, el entrenador cambió la mentalidad de todos, hizo equipo entre los jugadores y entre los hinchas, pero sin tocar nunca el espíritu popular del club.

Ser atlética fue una herencia sentimental, febril, entregada. Identificaba al equipo igual que a los personajes de sus libros: los colchoneros eran supervivientes, como las mujeres de la guerrilla o esos aventureros solitarios cuya verdadera hazaña era resistir. En *Estaciones de paso*, su segundo libro de relatos, publicado en 2005, hay un cuento titulado «Demostración de la existencia de Dios» en el que un joven mantiene un diálogo sin respuesta con Dios durante un partido entre el Atlético de Madrid y el Real Madrid. Un relato sobre un hermano que murió apenas unos meses antes, sobre la rabia del que se queda, sobre todo lo perdido y sobre el fútbol como un fondo por el que escapar de la vida.

Días después de su muerte, el estadio Wanda Metropolitano entero en pie despidió a Almudena Grandes con sus bufandas en alto, guardando un minuto de silencio y con el himno del club. Ella sonreía feliz desde una fotografía en una gran pantalla.

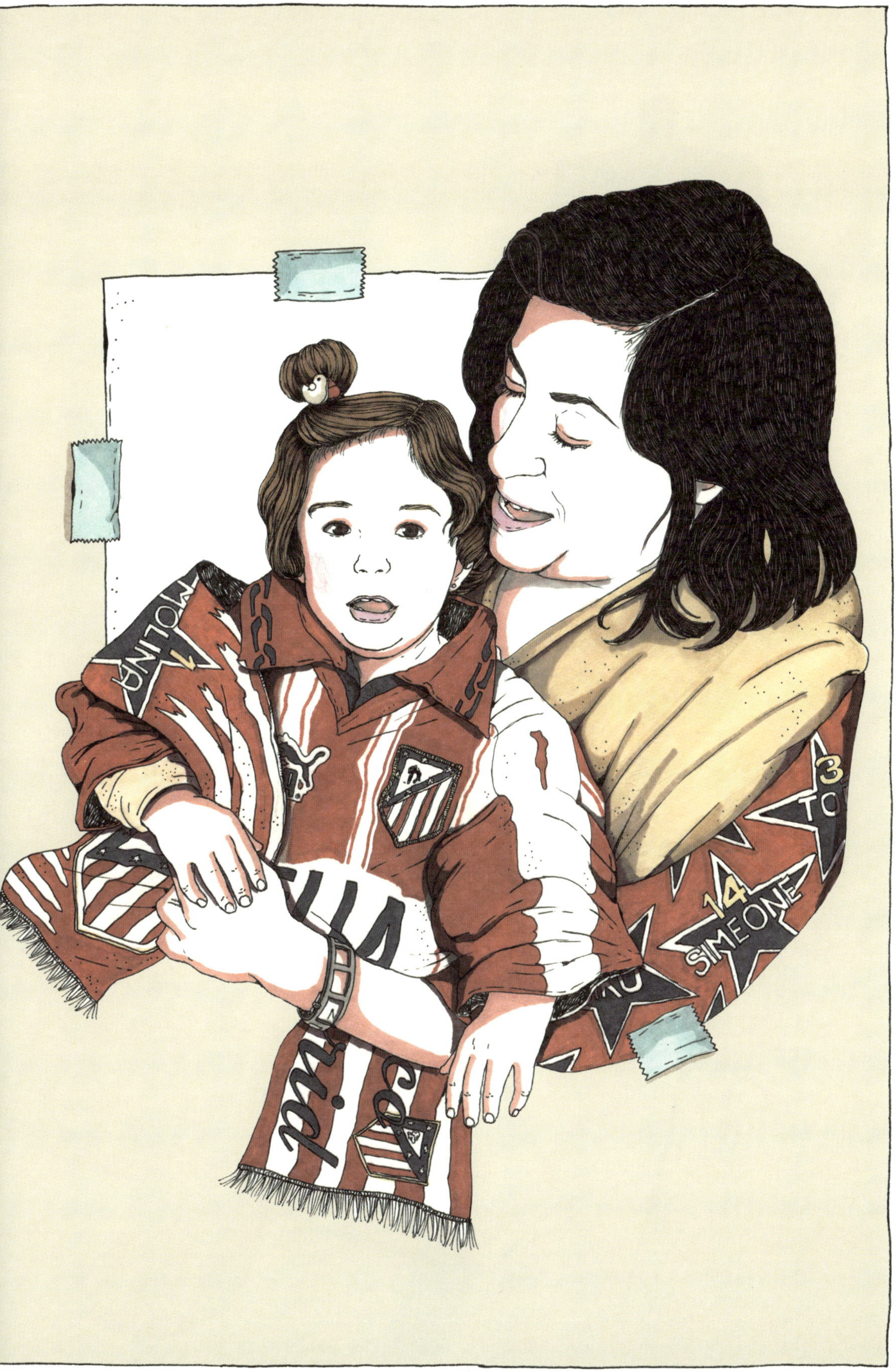
MOLINA
14
SIMEONE
3

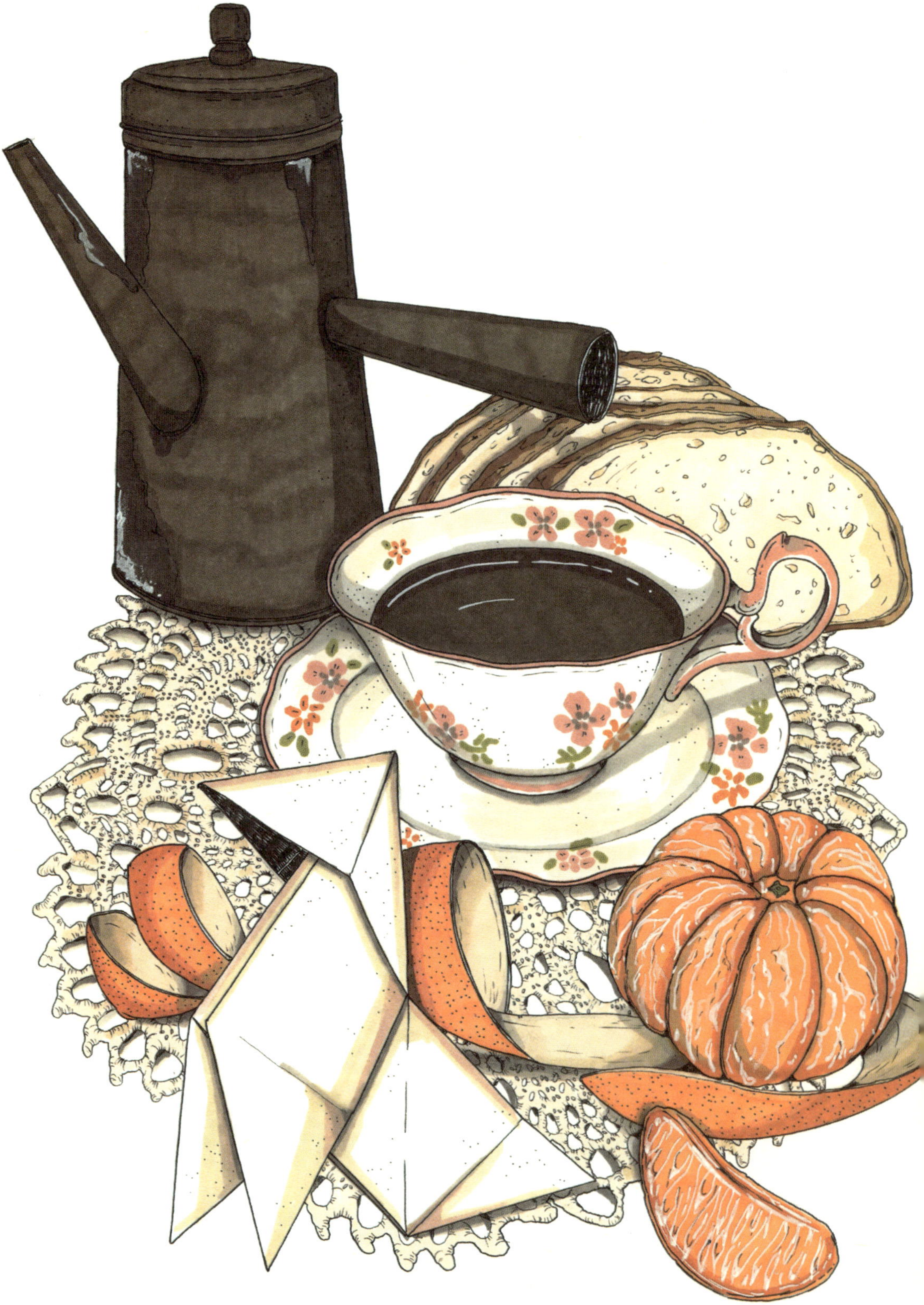

Una pajarita de papel

A pocos kilómetros de Madrid, dirección noroeste, el primer pueblo de la sierra de Guadarrama es Torrelodones. Un lugar a medio camino entre el monte y la urbanización, al que llega la niebla en noviembre y no se va hasta marzo, y huele a chimenea en los inviernos y a pino calentado bajo el sol en los veranos. Una canción del gran amigo de Almudena Grandes, Joaquín Sabina, lo puso en el mapa en 1999. Fueron diecinueve los días y quinientas las noches que tardó en aprender a olvidarla. Lo que no sabemos es si, además de aprender cómo se hace, lo consiguió. Y le pasaron muchas cosas; entre otras, el portero lo echó del casino del pueblo y todo lo demás.

Lo ubico porque escribo desde aquí, precisamente, desde Torrelodones. Y Ana Jarén dibuja a tan solo unas calles de mi casa. Y, pensando en *El corazón helado*, publicada en 2007, me doy cuenta de que siempre he llevado conmigo una escena que sucede en este lugar durante el mes de junio de 1937. Tal vez, cerca de la plaza; tal vez, podría Almudena haber imaginado que sucede aquí mismo, en esta casa de piedra. La protagonizan Teresa González, Manuel Castro y la carta de despedida que ella deja para su hijo, Julio Carrión, el padre de Álvaro, personaje principal del libro.

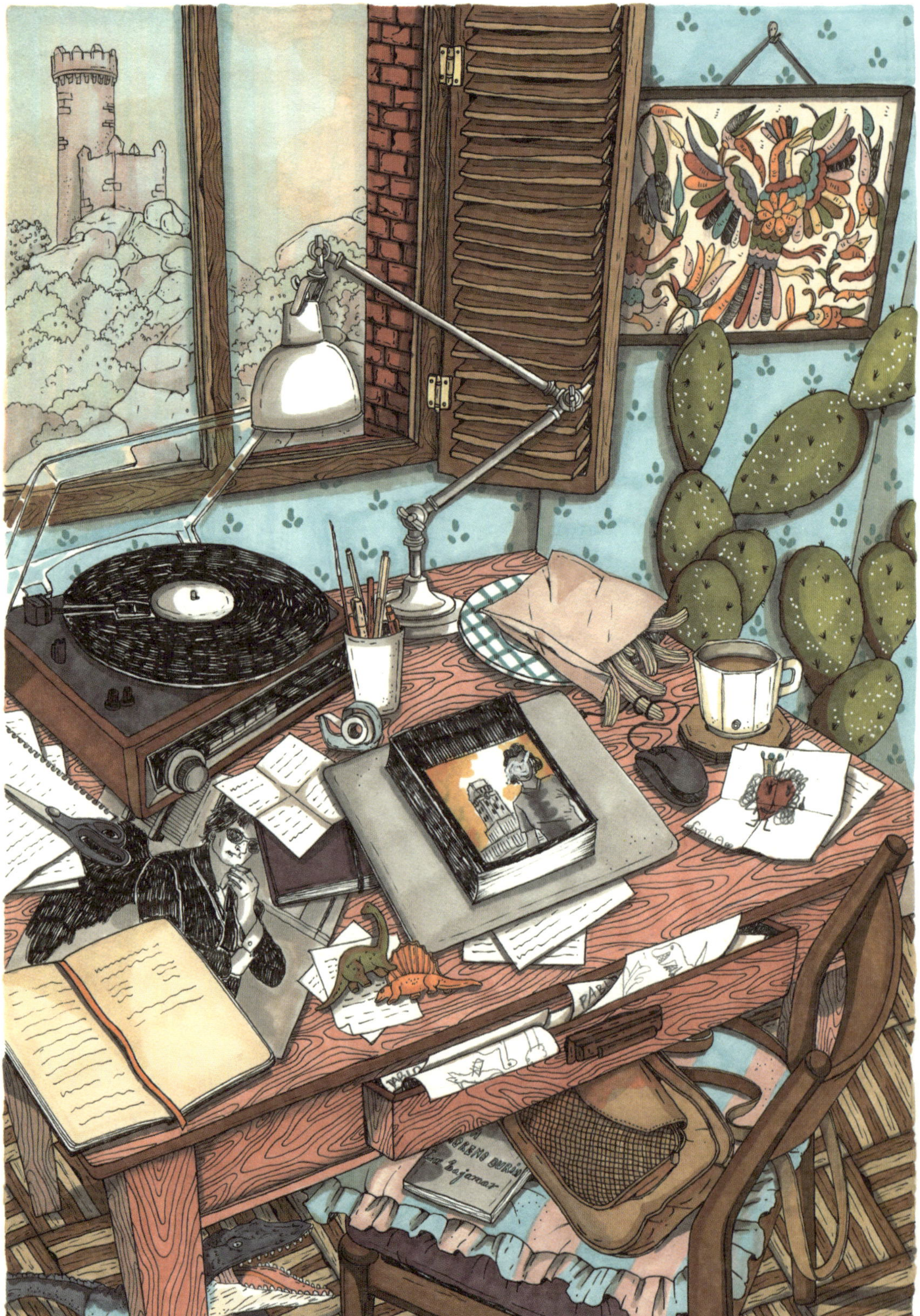

Decía Almudena que la carta de Teresa a su hijo es la piedra angular de esa novela. La pregunta que me hago es si no es también un vértice de la narrativa de la escritora.

> Queridísimo hijo de mi corazón, perdóname todo el daño que haya podido hacerte sin querer por todo lo que te he querido, por lo que seguiré queriéndote hasta que me muera, e intenta comprenderme, y algún día, cuando seas un hombre, y te enamores de una mujer, y sufras por amor, y sepas lo que es eso, perdóname si puedes, perdona a esta pobre mujer que se equivocó al escoger marido, pero no al tener dos hijos a los que siempre querré más que a nada en el mundo, ahora no lo entenderás, no puedes entenderlo, pero crecerás, te harás mayor, y tendrás tus ideas, las mías o las de tu padre, y te darás cuenta de que son mucho más de lo que parecen, de que son una manera de vivir, una manera de enamorarse y de entender el mundo, a la gente, todas las cosas, no tengas miedo de las ideas, Julio, porque los hombres sin ideas no son hombres del todo, los hombres sin ideas son muñecos, marionetas, o algo peor, personas inmorales, sin dignidad, sin corazón, tú no puedes ser como ellos, tú tienes que ser un hombre digno, bueno, valiente, sé valiente, Julio, y perdóname, no hemos tenido suerte, hijo mío, no la hemos tenido, pero la guerra terminará algún día, y vencerá la razón, vencerán la justicia y la libertad, la luz por la que luchamos, y cuando todo esto haya pasado, volveré a buscarte, y hablaremos, y quizás entonces pensarás de otra manera, y me entenderás, ojalá que me entiendas, a lo mejor estoy equivocada pero siento que estoy haciendo lo que tengo que hacer, y lo hago por amor, por amor a Manuel, por amor a mí misma, por amor a mi país, por amor a mis ideas y por amor a vosotros también, para que tengáis una vida mejor, para que viváis una vida más libre, más justa, más feliz, yo sé que ahora no lo entiendes, que no puedes entenderlo, pero yo te quiero, y confío en ti, y sé que serás un hombre digno, bueno, valiente, tan valiente como para perdonar a tu madre, que te querrá siempre y por eso nunca podrá perdonarse del todo, tuya y del socialismo, mamá.

No voy a contar el argumento del libro, cuya primera nota la toma Almudena en un cuaderno comprado en Rota el 2 de diciembre de 2002, solo la historia de esta carta, cuya redacción le costó un buen trabajo; la escribió con los versos de la *Elegía* de Miguel Hernández como una letanía en la cabeza. Una carta que en la novela aparece interrumpida por frases yuxtapuestas de quien la lee, Álvaro, muchos años más tarde. Porque esa carta contiene revelaciones para el nudo de *El corazón helado* y, tal vez, alguna sobre el propio corazón de su autora. Algo como una declaración poética y política de intenciones.

Teresa González era hija de maestros y ella misma estudió Magisterio, pero no pudo terminar porque su madre murió y su padre enfermó de pena; eso pensaba ella. Cuando conoce a Benigno, él ya es un hombre mayor, que ha perdido a una primera mujer. Pero Teresa ayuda a su padre en la escuela del pueblo, y todas las tardes, sin faltar una, Benigno va a la puerta del colegio para mirarla. «Si es un viejo, y un carca, y un meapilas, que está todo el día jugando con el párroco y el sacristán», le dice ella a su padre, que se da cuenta enseguida del interés de Benigno por Teresa. A la osadía de acompañarla a su casa una tarde, le sigue la costumbre de quedarse a merendar todas las demás. Y, al final, Teresa se casa con Benigno. Y la adoración primera que sintieron se transforma enseguida en una extinción de la elocuencia de él, en sexo domesticado, en indiferencia y en «el ejercicio callado y seco de un amor mezquino». Una mañana de 1933, Teresa le dice a Benigno que se va a votar y discuten; él responde que necesita su permiso, pero ella sabe que puede ejercer su derecho, así que sale de la casa y vota. La Segunda República había traído el sufragio universal a España.

Porque a Teresa, que nació con el siglo XX, le sucedió algo que le puede pasar a cualquiera: se politizó. Y se transformó para siempre en otra mujer. Y empezó a escribir textos que corregía mil veces por las noches y que siempre comenzaban con la misma palabra: «Compañeros».

Manuel Castro era de León y había ido a parar a Las Matas porque a su padre lo destinaron allí como jefe de estación. Tenía treinta y nueve años cuando llega a la vida de los Carrión. Era socialista desde hacía veinte. Cuando evacúan Las Matas, Teresa le da asilo en una habitación del desván. Almudena lo describe como un hombre de rostro grave, alargado, huesudo, pero que al sonreír se iluminaba. No era frágil, pero había padecido tuberculosis. Con la guerra, su mujer y sus hijas se habían marchado a Valencia y le escribían largas cartas que él respondía con cada vez menos líneas, para no ponerse triste, o eso decía. Manuel, «un pico de oro», le cuentan después a Álvaro, sabe además hacer magia porque le había enseñado su padre, y le hacía trucos a Julio. Para entonces, Benigno, cada día más alejado ideológica y sentimentalmente de su mujer, apenas pasa ya por casa, se marcha antes de que los demás amanezcan y llega borracho por las noches.

Aquel hombre que Teresa había metido en su vida doméstica se metió también más adentro. Un día, Julio regresa de hacer trucos de magia a las chicas del pueblo, se le había perdido el pañuelo verde de mago con el que imitaba los juegos de Manuel, y se encuentra a su madre sobre ese hombre. Y no lo entiende y a la vez sí. «En esta casa hay un hombre que no es mi padre», le dice después. Y se enfrenta. Y le reprocha con malos modos que la sopa de la cena está fría. Y llama madre a quien siempre había llamado mamá. Y también le grita que es una cualquiera. Y el hombre se levanta y lo abofetea. Julio tiene quince años y mucha rabia. Teresa decide marcharse con Manuel y con su hija pequeña, Teresa, y deja una carta para su hijo mayor. Cuando descubre esa carta, Julio sale corriendo de la casa, la busca por las calles de este pueblo, pero ya no la encuentra. Muchos años después, Álvaro lee la carta que escribió su abuela y encaja algunas piezas sobre sí mismo.

Me parece una de las historias más bonitas que escribió Almudena. Triste, pero también bella, como el silencio. Porque el más terrible de todos los exilios es el de la incertidumbre. Teresa y ese hombre del que se enamoró, que le regalaba cada mañana una pajarita de papel en el desayuno y que ella le agradecía con una sonrisa, murieron en cárceles de la posguerra. Pero esa es solo parte de la historia que cuenta esta novela y que es mejor leer.

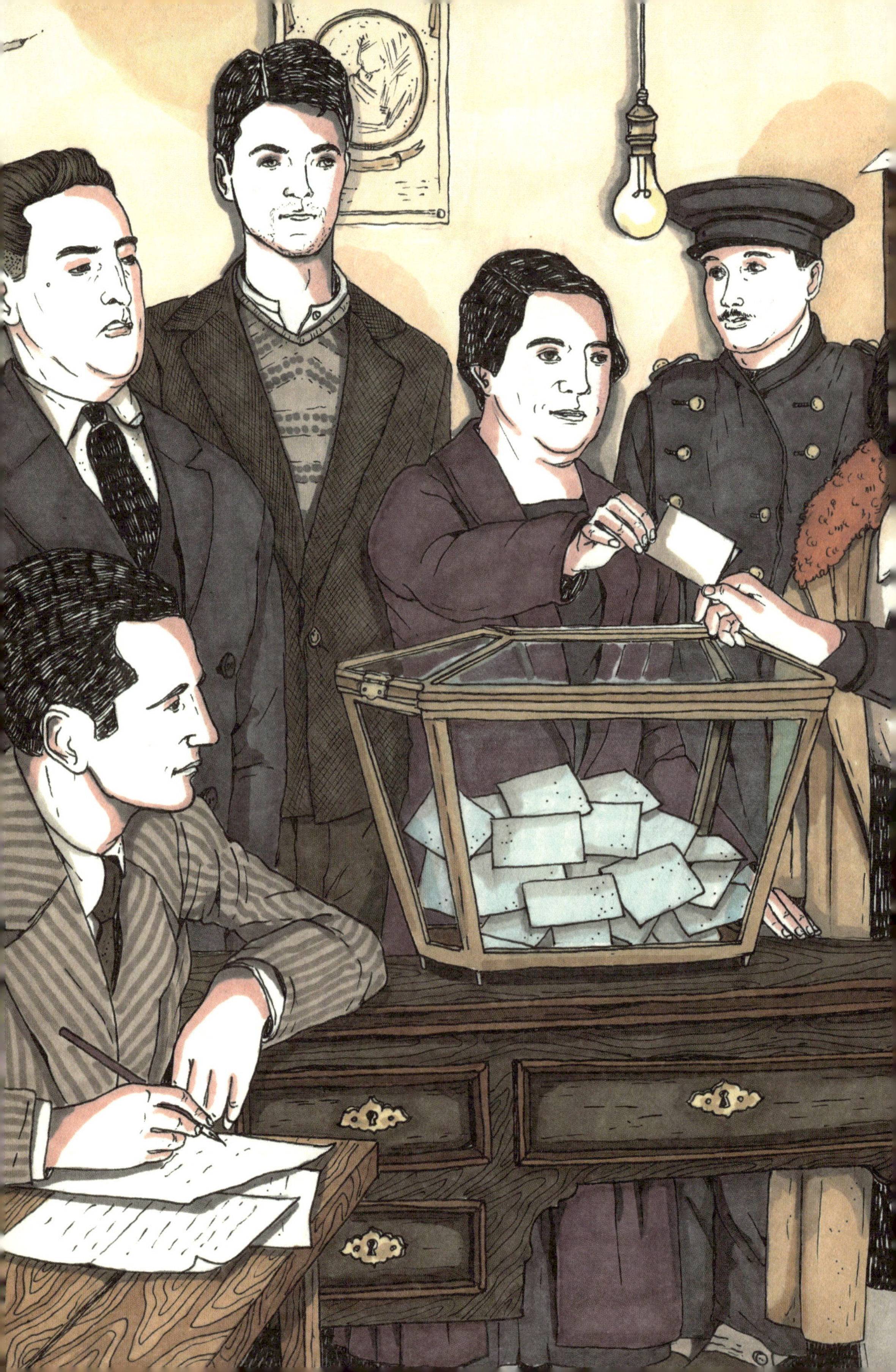

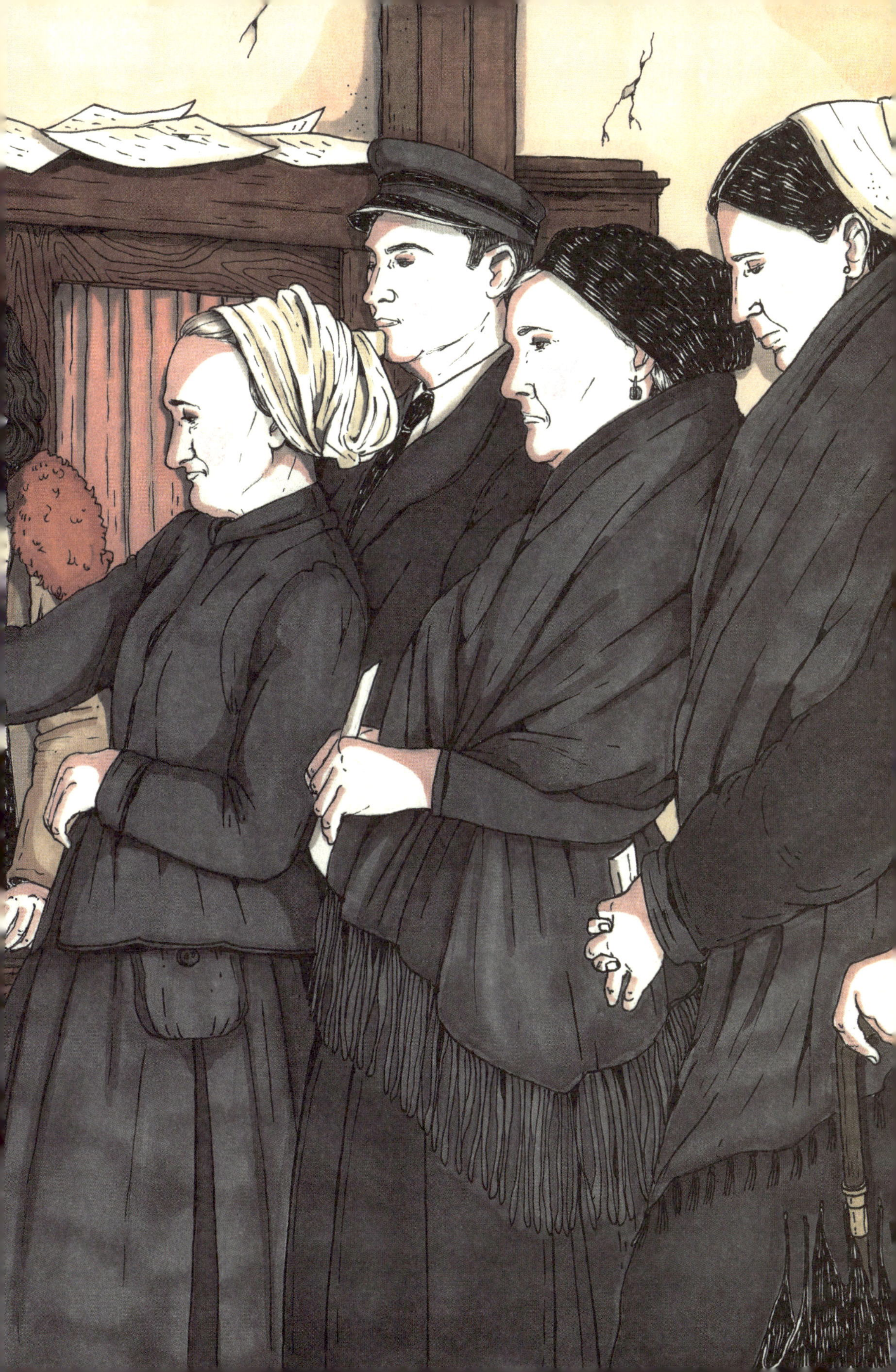

¿Por qué no forma parte *El corazón helado* de los *Episodios de una guerra interminable*? Por qué, si habla de los vencidos, si arrastra desde el pasado de guerra una historia hasta el presente. Probablemente, porque ni ella misma sabía que esa novela acabaría desembocando en la monumental obra que llegó después. Pienso entonces que algo cambió para siempre en su escritura. Que la emoción de rescatar del olvido las pequeñas historias marginales que se encontró de quienes perdieron las guerras se pudo convertir en una obsesión. Esas palabras de Teresa: «Los hombres sin ideas no son hombres del todo».

El corazón helado es una novela política, no panfletaria; es una reconstrucción sentimental, y no por ello blanda o cursi, de la historia de España. Almudena leyó durante seis años libros de historia de nuestro país, ensayos, memorias, panfletos, biografías anónimas, novelas, solo escuchaba música española, vio documentales, cine y fotografías. Su hija Elisa, al llegar del colegio, le decía a su madre: «¿Otra vez viendo la televisión en blanco y negro?». El título de la novela se lo regaló Luis García Montero, quien guardaba ese «corazón helado» para titular alguna vez una obra suya. Pertenece a un poema de Antonio Machado: «Una de las dos Españas / ha de helarte el corazón». El colofón que aparece al final del libro también es de Machado, lo encontró Almudena en una entrevista que el escritor y periodista soviético Ilya Ehrenburg le hace al poeta en 1938: «Para los estrategas, para los políticos, todo está claro: hemos perdido la guerra. Pero humanamente no estoy tan seguro. Quizá la hemos ganado».

Puede ser que, igual que Almudena sentía que su generación hacía preguntas para las que no había respuesta y luego pensó que quizá no estaban haciéndose las preguntas correctas, la escritura de esta novela cambiara algunos de los interrogantes más profundos de la autora, lo que a una la mantiene alerta para la escritura, ese talante narrativo con el que andan por el mundo aquellos que buscan qué contar y resulta que solamente había que dejarse vencer por la obsesión que latía dentro de sí.

En los largos agradecimientos que incluye al final por primera vez, Almudena le da las gracias, entre otras muchas personas, a su amigo

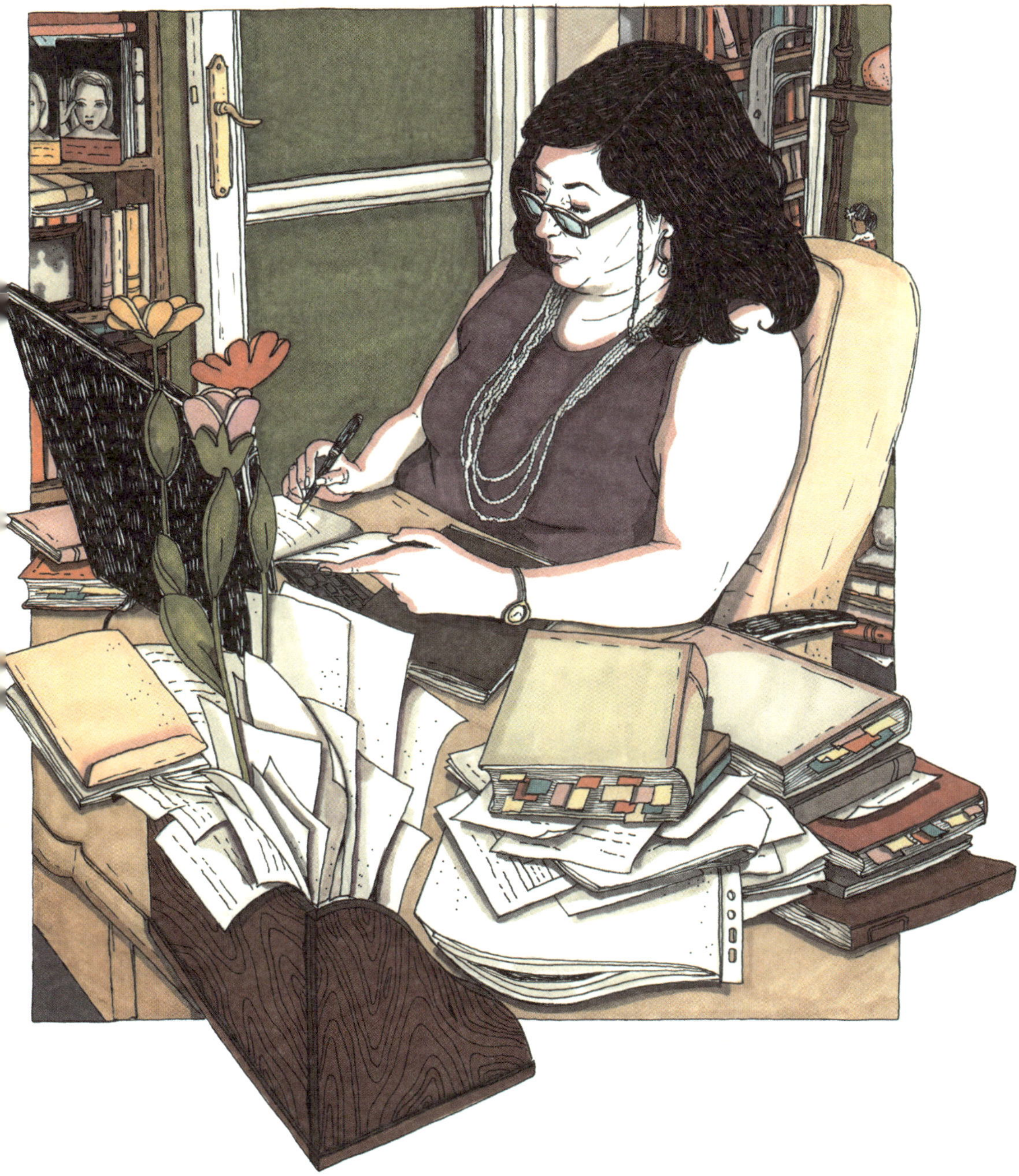

Joaquín Sabina por escribir años antes la banda sonora de esta novela «sin darse cuenta». Le agradece la que fue su canción preferida del cantautor y cuya melodía acompañaba la página de lanzamiento del libro. Pero esa canción no era «19 días y 500 noches», sino «De purísima y oro»:

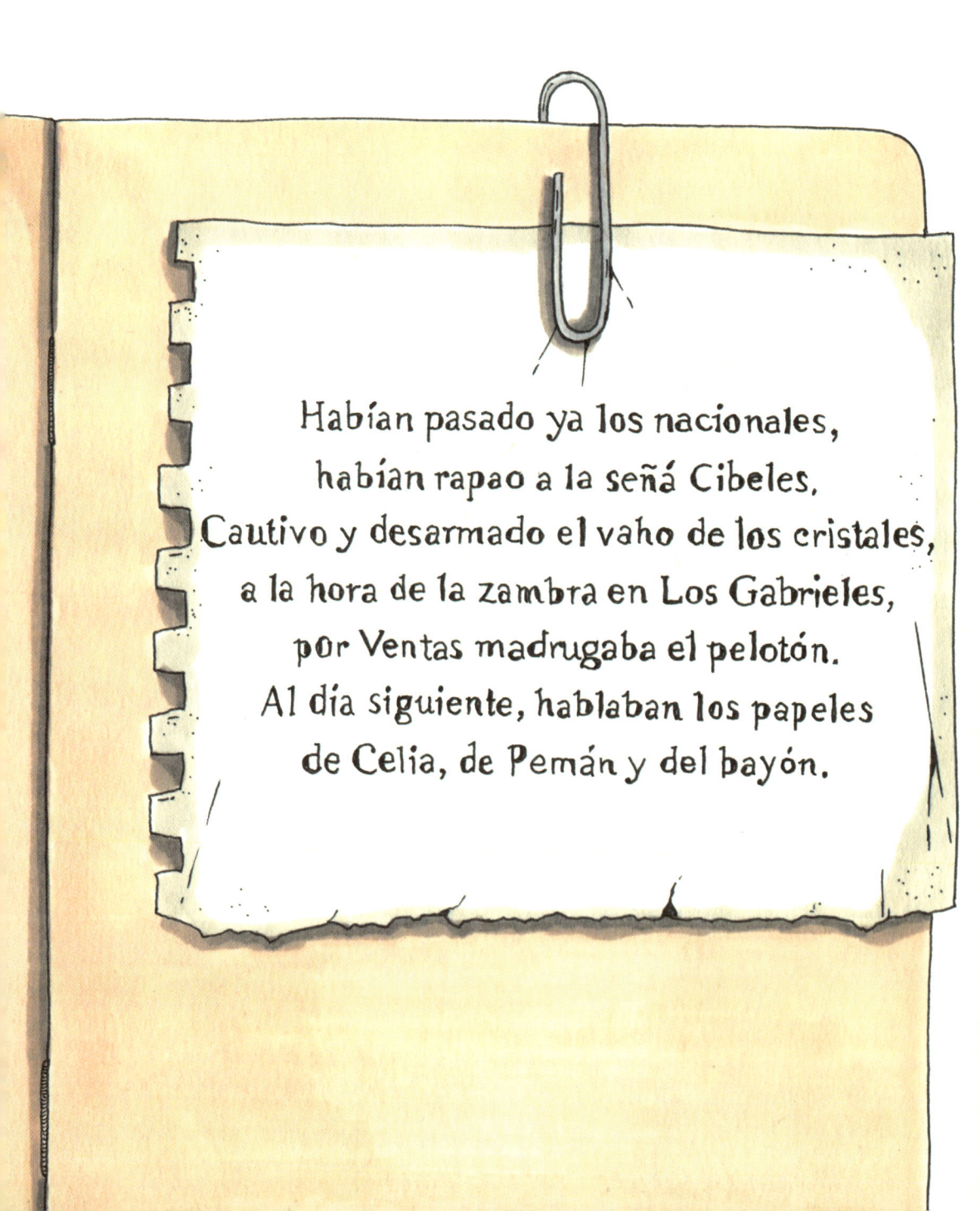

> Habían pasado ya los nacionales,
> habían rapao a la señá Cibeles.
> Cautivo y desarmado el vaho de los cristales,
> a la hora de la zambra en Los Gabrieles,
> por Ventas madrugaba el pelotón.
> Al día siguiente, hablaban los papeles
> de Celia, de Pemán y del bayón.

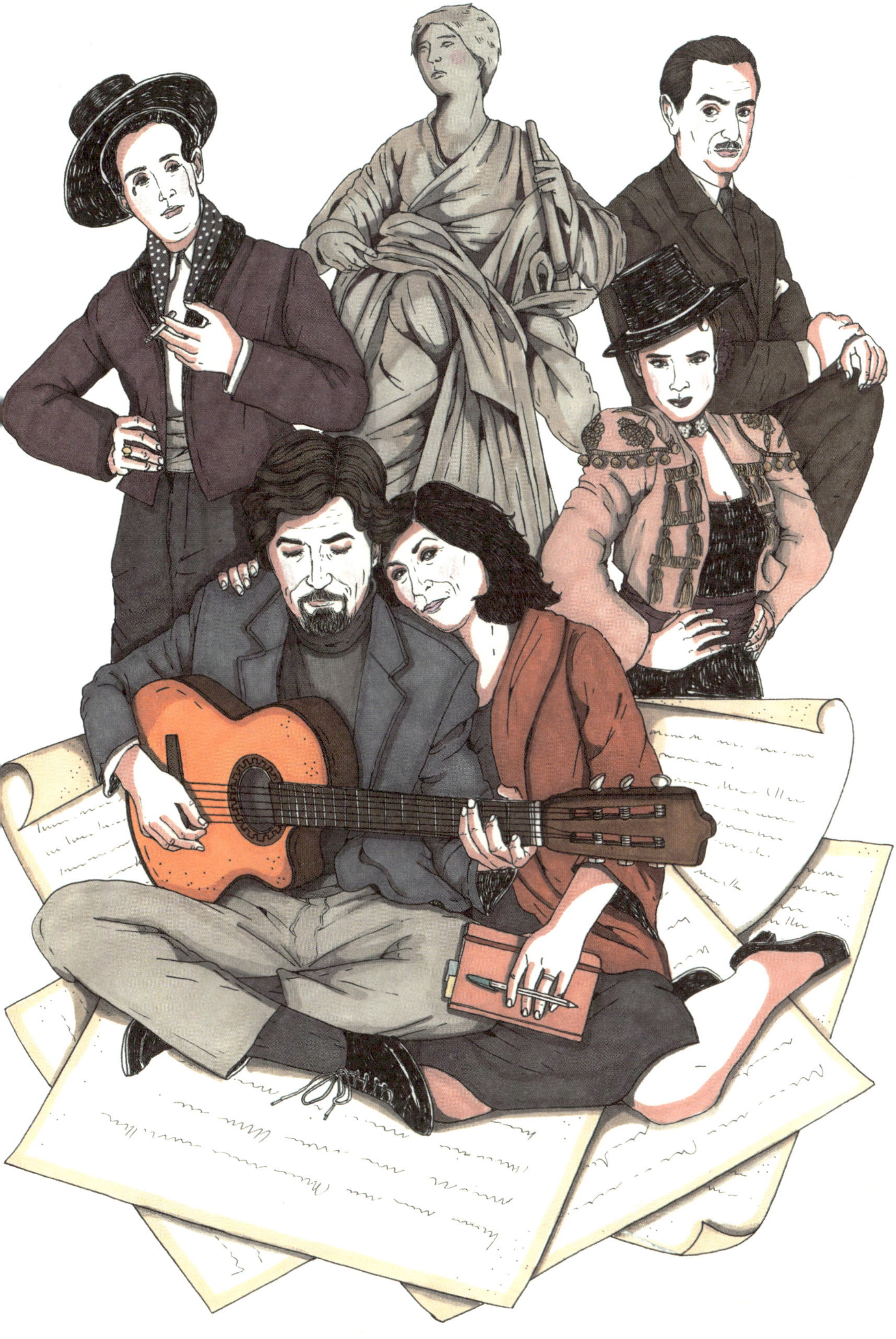

Almudena solo daba a leer sus libros una vez terminados, pero su familia estaba acostumbrada a que, a su mesa, a la hora de comer o de cenar, se sentaran también los personajes que en ese momento la acompañaran, a que les hablara de la trama de la novela que estaba escribiendo o les planteara sus dudas para ver cómo podía resolver alguna línea argumental. «Mis hijos todavía me aguantaban las palizas», escribió en una ocasión. Me cuenta Irene que, a partir de *El corazón helado*, «Almu» se volvió extremadamente intensa en esas conversaciones. Y hablaba mucho de un personaje al que admiraba, Juan Negrín, presidente de la Segunda República, que murió en el exilio en París.

Un verano, Elisa encontró unos gatitos pequeños en un garaje de Rota y se llevó uno a casa. Le contó a Almudena que, debajo de un coche, la madre amamantaba a los otros cachorros, pero que cada vez que este se acercaba le daba un zarpazo. Almudena se negó a tener un gato en casa, «con la vida que llevamos, con los viajes que hacemos», así que dijo que no y que no. Elisa lloraba y el gato temblaba. «Déjame darle agua por lo menos, que hace mucho calor», pidió. Luis también dijo que no al principio,

pero flaqueó y empezó a
ponerle leche y comida, y
Mauro también jugaba con él.
Los tres hijos y el padre se encariñaron
con el pequeño animal, pero Almudena seguía dura en su postura. Entonces, Irene le puso nombre: «¿Cómo vas a echar a Negrín otra vez de su casa?», le dijo. Almudena no fue capaz de mandar a Negrín al exilio por segunda vez. Y el gato convivió con la familia dieciséis años.

En una columna titulada «Elegía», de noviembre de 2020, Almudena recuerda a Negrín como uno más de la familia. «Yo no quería un gato, nunca había querido un gato, no lo necesitaba», comienza. Pero Negrín, recordaba, marcó el paso de las estaciones en la casa:

> La puerta del salón cerrada en Navidad para que no se metiera de cabeza en el árbol tirando todos los adornos, los balcones abiertos en primavera para que se entretuviera con las moscas que entraban desde la calle; la dura obligación de quitarle el agua y la comida doce horas antes de llevarle a Rota, donde nació; cada verano, el estupor que sentía al llegar a una casa que no sabía si recordaba o no; los pájaros y los ratones que cazaba para dejármelos delante de los pies; la melancolía que le invadía al volver a Madrid, días enteros tirado en un sofá, echando el jardín de menos.

Almudena ya nunca más escribió sola. Negrín se tumbaba sobre las piernas de la pareja mientras ella o Luis estaban frente a la pantalla, o se dormía junto al ratón sobre la mesa del despacho. Una mañana, Almudena halló a Negrín tirado en el suelo, no quiso vivir más. Ella escribió: «Desde entonces, no me encuentro en mi propia vida».

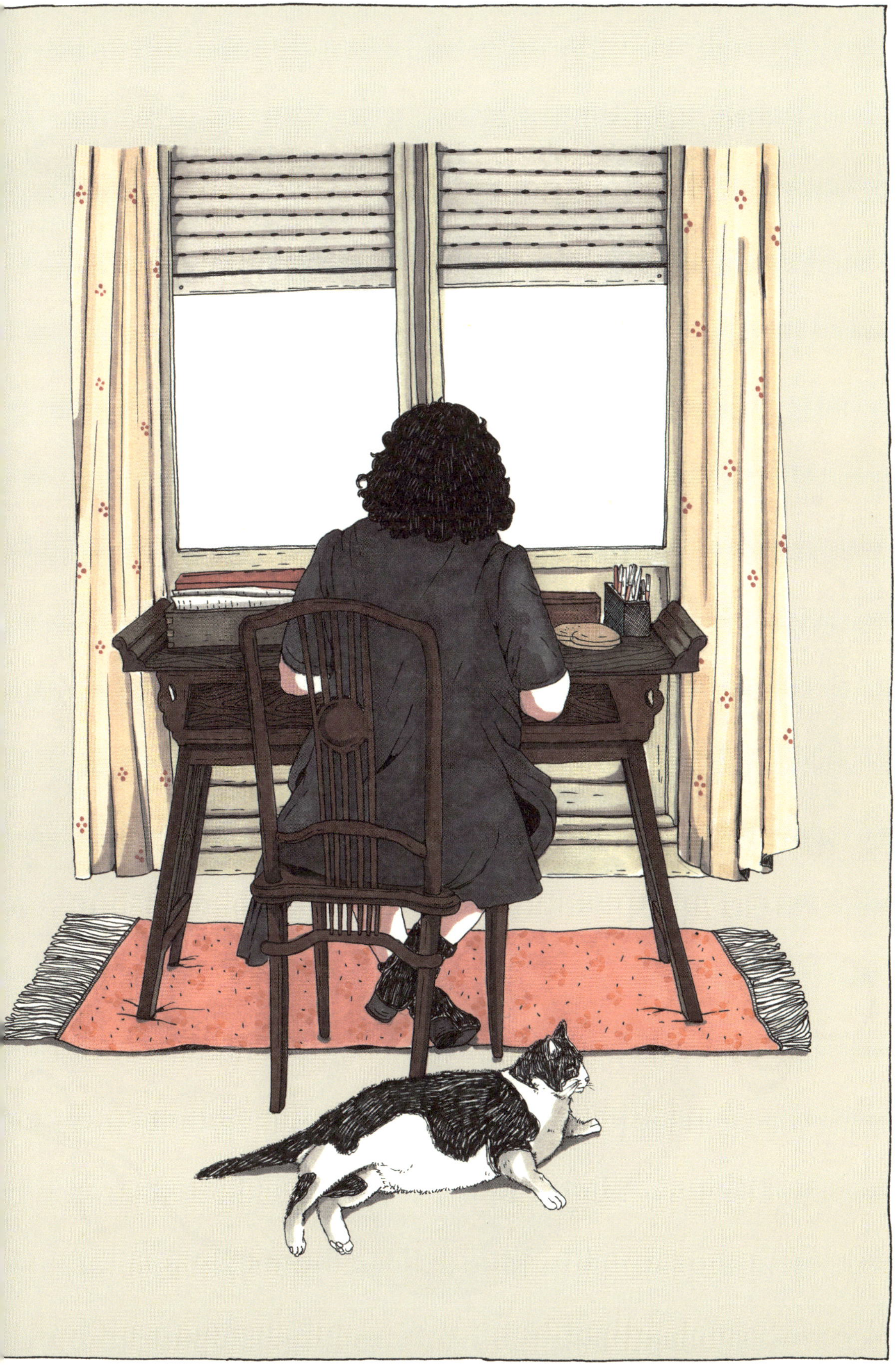

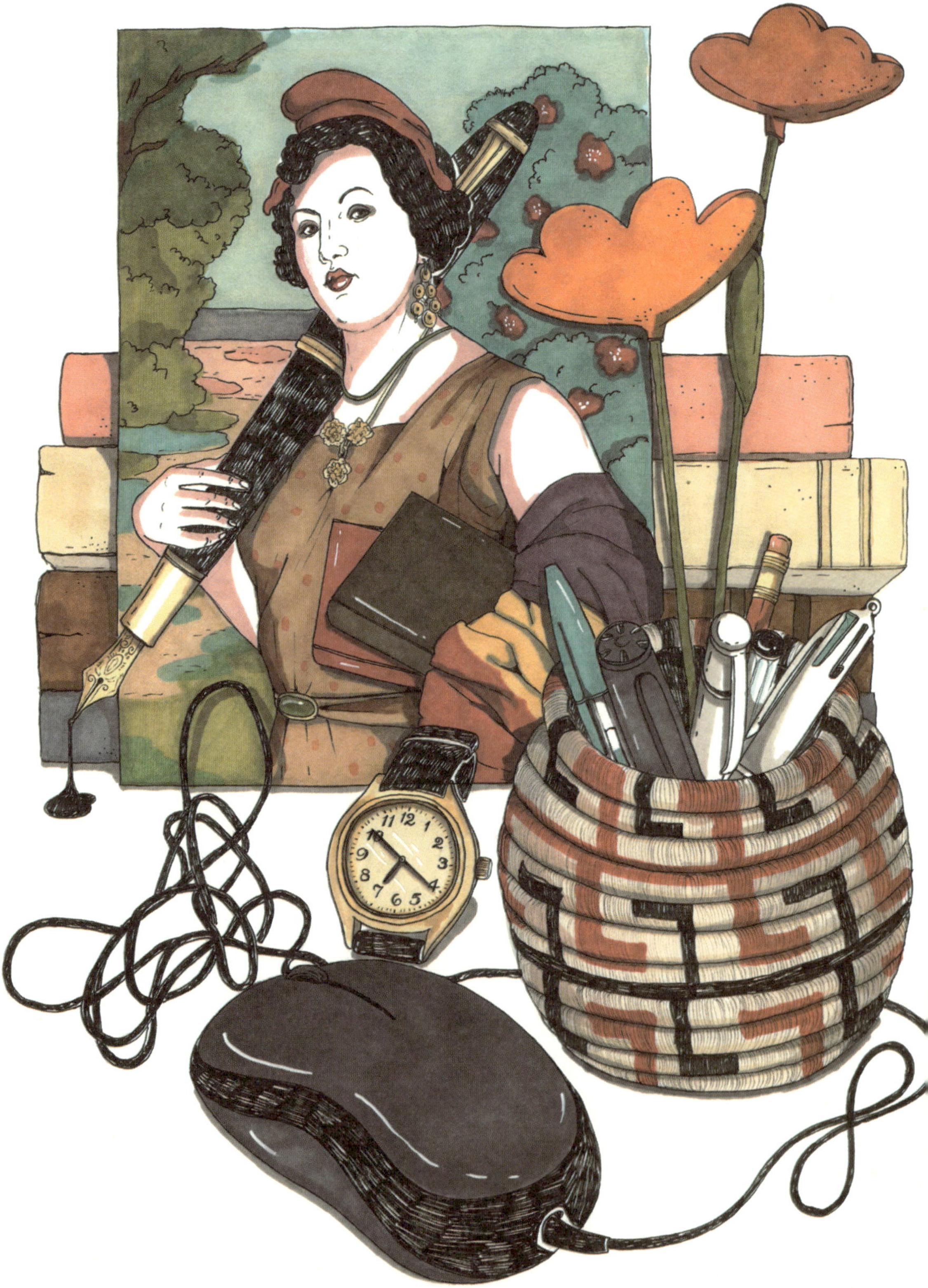

Recuérdalo tú y recuérdalo a otros

Era el mes de diciembre de 1961 cuando un hombre se acercó a Luis Cernuda al finalizar una lectura de poemas en el San Francisco State College y le contó que había sido combatiente de la Brigada Lincoln. Cernuda estaba en el exilio desde febrero de 1938 y aquella noche, cuando regresó a su hotel, conmocionado por el encuentro con ese voluntario que luchó por la República, escribió el poema «1936», que arranca con el verso que da título a este capítulo. Almudena Grandes, más de medio siglo después, acató el mandato de Cernuda de forma literaria: «Recuérdalo tú y recuérdalo a otros». «1936» fue siempre, además, uno de sus poemas preferidos. Ella pensaba que estos versos, que hablan de la fe, la dignidad y la nobleza, deberían estar incluidos en todos los libros de texto, porque representan el sueño de la Segunda República para muchos españoles y españolas.

Almudena leyó fragmentos de este poema en un acto llamado «Recuperando memoria», celebrado en Rivas-Vaciamadrid, un pueblo a quince kilómetros de la capital, el 25 de junio de 2004, un año difícil para nuestra ciudad. Nunca se había rendido un homenaje como ese en los treinta años de democracia. Fue hasta allí en coche con su marido, con su amigo Benjamín Prado y con el poeta Ángel González. A todos les extrañó, al tomar la A-3, el intenso tráfico que había en la carretera. «¿Por qué?», se preguntaron. «Los españoles nunca estamos preparados para ser felices», escribe Almudena al final de *Las tres bodas de Manolita*. Ellos lo fueron aquella noche, lo fueron más de treinta mil personas bajo banderas republicanas, sin tristeza, sin culpa, «sin más amargura que la imprescindible». En primera fila, frente a ese escenario, ochocientos ancianos y ancianas que habían sido combatientes, presos políticos y represaliados aplaudían incrédulos y orgullosos, al fin, de esa parte de su vida. Es muy emocionante ver el vídeo en el que Almudena lee ese discurso, muy seria, vehemente y convencida. «Nosotros somos la historia a la que se confió Julia Conesa», dice en referencia a las últimas palabras que dejó escritas una de las Trece Rosas en su carta de despedida antes de ser fusilada el 5 de agosto de 1939: «Que mi nombre no se borre de la historia». Otro mandato perdido para la sorda democracia española.

Ahora, en este atardecer de septiembre en el que tengo puesto ese concierto de fondo, siento un escalofrío al recordar que con veintitrés años yo también estuve allí, aplaudiendo. A los ochocientos

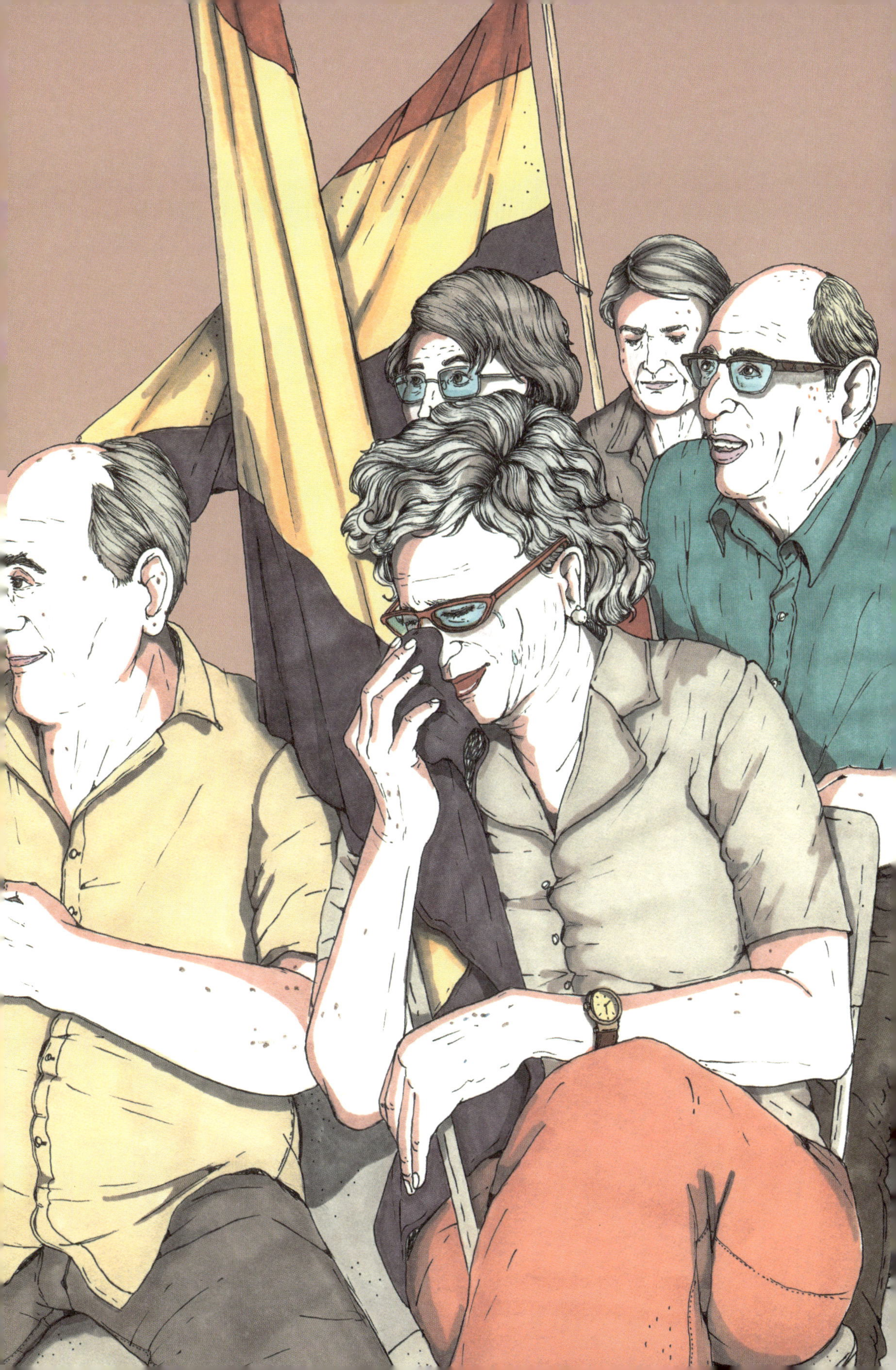

hombres y mujeres, a ella, a los versos de Luis Cernuda y Juan Gelman, a Lluís Llach cantando «L'Estaca», a Javier Álvarez, a José Antonio Labordeta, Manuel Rivas, José Sacristán, a los brigadistas, a Luis Pastor, a una ciudadana llamada Piedad Arribas. A Pedro Guerra y sus «Huesos». A Luis Eduardo Aute, «Al alba». A Paco Ibáñez, «A galopar».

Algunos y algunas ya no están aquí.

La fuerza de la memoria es el origen de toda ficción. La memoria es el filtro de toda la experiencia humana, individual y colectiva. Distorsiona la realidad pasada hasta el punto de que, a veces, llegamos a tener memoria de lo que nunca nos llegó a suceder. La literatura recrea esos recuerdos e inventa otros, teje un tapiz de siglos de historias, de traiciones y lealtades, de todo lo que nos ha pasado o no. Pero memoria es, también, en palabras de Almudena, el concepto clave para toda una generación de españoles. Para su propia generación. La búsqueda desesperada y desesperante de lo que se borró desde que transitáramos del progreso de los años treinta a ese mundo nuevo que emergía en 1978 sin hacer recuento del dolor intermedio. Ella decía, con sarcasmo, que aquello había sido como cuando Bert, Mary Poppins y los niños Banks saltan dentro un cuadro pintado con tiza en el suelo del parque y, ¡zas!, ya están en otro lugar. Un salto el nuestro en el que parece que han quedado arrasadas las posibilidades de justicia, de verdad, de reparación y las garantías de que la guerra y la dictadura y todas sus represiones y muertes no volverán a suceder. Cuando escuchaba decir aquello de «otra novela de la Guerra Civil», Almudena respondía: «Es que, hasta el destape, en este país, todo es Guerra Civil». Y se preguntaba por qué mucha gente no quería pensar, no quería saber que sus abuelos, que sus padres vivieron en un lugar miserable, una pausa terrorífica y sombría que comenzó en 1939 y duraría hasta 1975. Sin embargo, reconocía Almudena que la Transición sí fue obra de una generación que hizo lo que, honestamente, tuvo que hacer y que no podía haber hecho otra cosa porque fue educada en el silencio.

«España es una gran anomalía con respecto a su tratamiento del pasado», repetía una y otra vez. «Lo es en Europa y lo es en buena parte del mundo. Porque es un país cuya democracia no se funda en el antifascismo. Donde no se toma el respeto a la memoria y a la verdad como un asunto de Estado que nos concierne a todos», explicaba. Ella sentía que los niños del franquismo llegaron a la adolescencia en un país también adolescente y estrenaron la vida adulta a la vez que se estrenaban las instituciones, y que el arte y las calles, sin prólogos, empezaron a vivir sin censura y sin miedo.

La Transición fue todo un éxito político, lo sabemos hoy porque vivimos en una democracia, y todo un fracaso moral con los vencidos y represaliados, y así debemos reconocerlo. Es ahí donde esas dos memorias, la individual y la colectiva, confluyen y friccionan la una contra la otra, cargadas de silencios de sobremesa, llenas de lágrimas contenidas al borde de fosas comunes y de cartas y retratos en sepia de abuelos y abuelas desconocidos.

Y, aunque ella siempre había narrado desde la memoria, la suya y la de su tiempo —el propio Pablo de *Las edades de Lulú* era militante del PCE y había estado en la cárcel—, es en el año 2008, tras la publicación de *El corazón helado,* cuando toma la que será, probablemente, la decisión más importante de su trayectoria literaria. «Hay novelas que uno escribe cuando quiere y otras que se escriben cuando uno puede», decía. Como si hubiera necesitado llegar a una madurez vital para ponerse de frente al pasado. Entonces se dispone a recordárnoslo una y otra vez, emprendiendo una de las obras más imponentes sobre la historia contemporánea de España, los *Episodios de una guerra interminable*. Elige de modelo a su maestro, Benito Pérez Galdós y los *Episodios nacionales,* le rinde homenaje y celebra así un acto íntimo y público de admiración. Se sumerge en todas las narrativas posibles para armar las tramas. Ernesto Ayala-Dip, crítico de *Babelia* en *El País,* define la primera obra de esta serie como un equivalente a la mirada de Galdós, «mezcla de invención, confianza en el ser humano y desilusión histórica». Creo que esto puede decirse de las cinco novelas que componen los *Episodios*. A Galdós lo separaban de los hechos que contaba en sus episodios los mismos años que separaban a Almudena de los suyos.

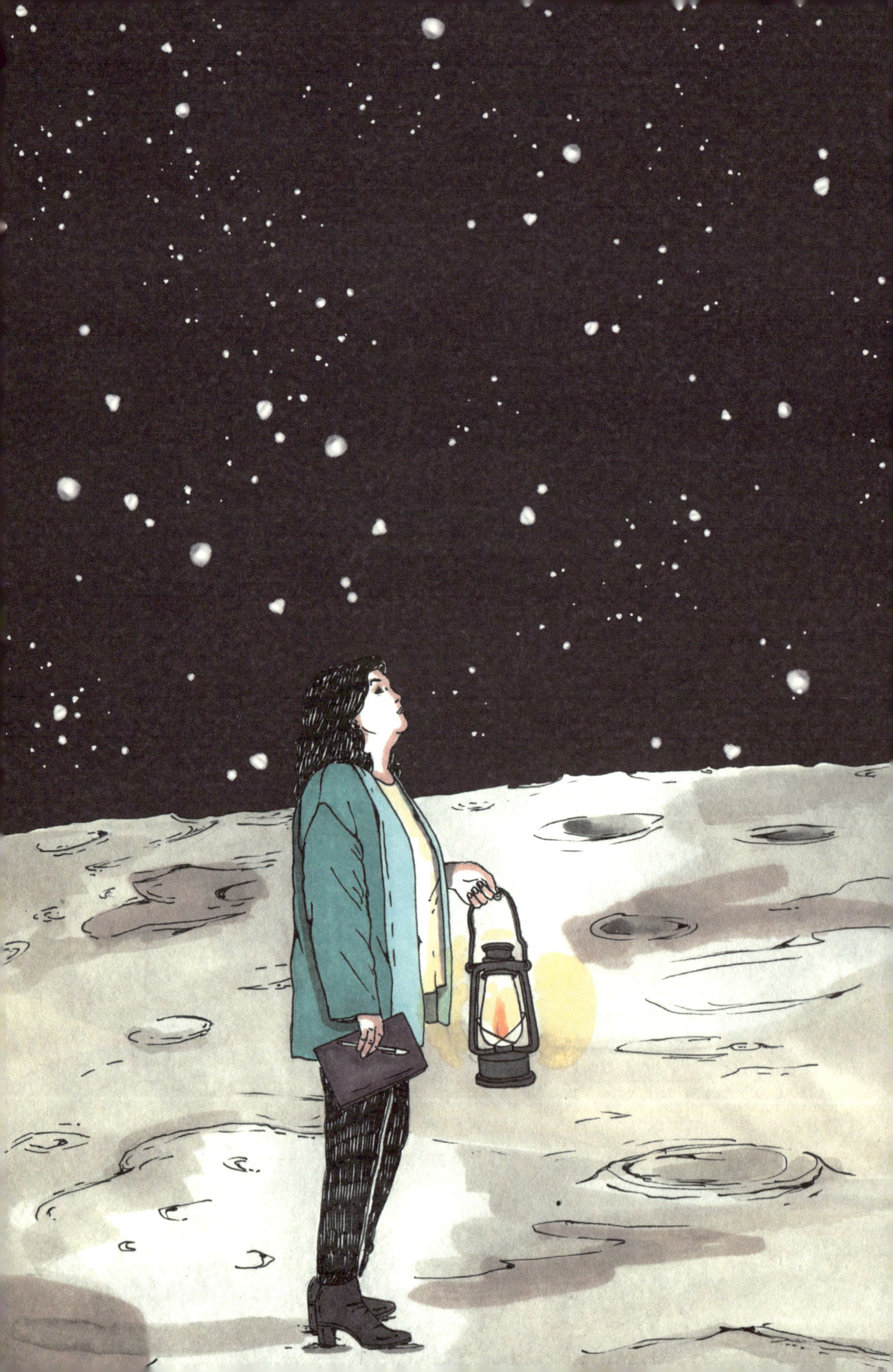

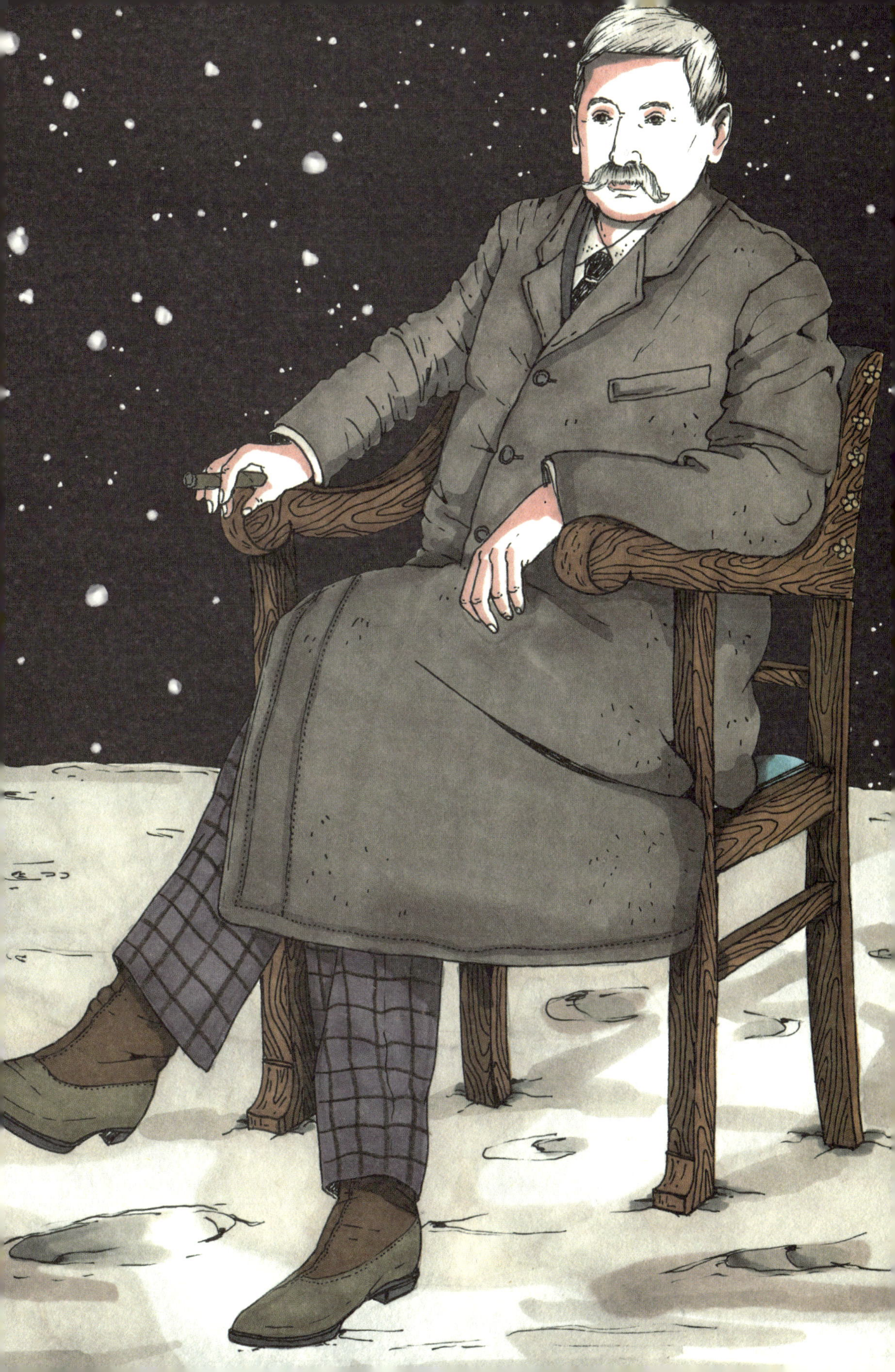

Me cuentan los hermanos de la escritora que en la pandilla con la que quedaban en la plaza de Barceló cuando eran jóvenes casi todos eran de izquierdas. Pero ese no era el caso de la familia de Almudena, ni entonces ni ahora, a excepción de Mónica, la hermana más joven, con la que sí compartía ideas. «Mi padre era muy de derechas, era de Fuerza Nueva», me comenta Manuel. Su madre solía decir que el franquismo sin Franco no tendría sentido. Almudena pertenecía a una familia «paradigmáticamente burguesa», dice Gonzalo. Entre aquellos amigos, algunos militaban en el Partido Comunista y, poco a poco, Almudena fue tomando una conciencia distinta a la de sus padres y sus hermanos. Se alejó de la línea ideológica que imperaba en su casa en aquellos años del tardofranquismo. Un día, me cuenta Manuel, entró en casa sobresaltada: «¡Han matado a Allende, ha sido Pinochet!», gritó. Era 1973, Almudena tenía trece años y era la primera vez que la escuchaba hablar de política. No hablarían mucho más de ese tema, volvieron a poner el cariño por encima de las ideas. Años más tarde, su matrimonio con Luis García Montero, que había militado en el Partido Comunista y fue candidato en las elecciones autonómicas de Madrid por Izquierda Unida en 2014, probablemente definió aún más su compromiso público y los dos participaron juntos en muchas causas de la izquierda española. Se posicionaron contra la guerra de Irak, por el fin de ETA, frente a la tiranía de Ortega en Nicaragua, por la igualdad de género, contra los recortes de los servicios públicos o por la búsqueda de una salida progresista a la crisis financiera.

Escribo esto porque pienso que no se puede entender la escritura de estos *Episodios*, ni la vida de Almudena, sin ese compromiso. Ella contaba que fue la lectura lo que la hizo de izquierdas. Primero, con *Tormento* de Galdós. Y, segundo, con *La madre* de Maksim Gorki, uno de los autores del realismo socialista, un panfleto que se le clavó en el corazón, decía ella. Se lo había prestado un primo hermano suyo, que también había militado en el PCE. De todas aquellas historias que descubrió mientras escribía *El corazón helado* y del impacto que para ella supuso trabajar en esa novela, Almudena fue tomando nota. Las apuntaba en un cuaderno, desarrollaba sus sinopsis, las leía y releía, las pensaba y les quitaba el polvo sin saber qué hacer con ellas. No quería escribir una novela de tres mil páginas.

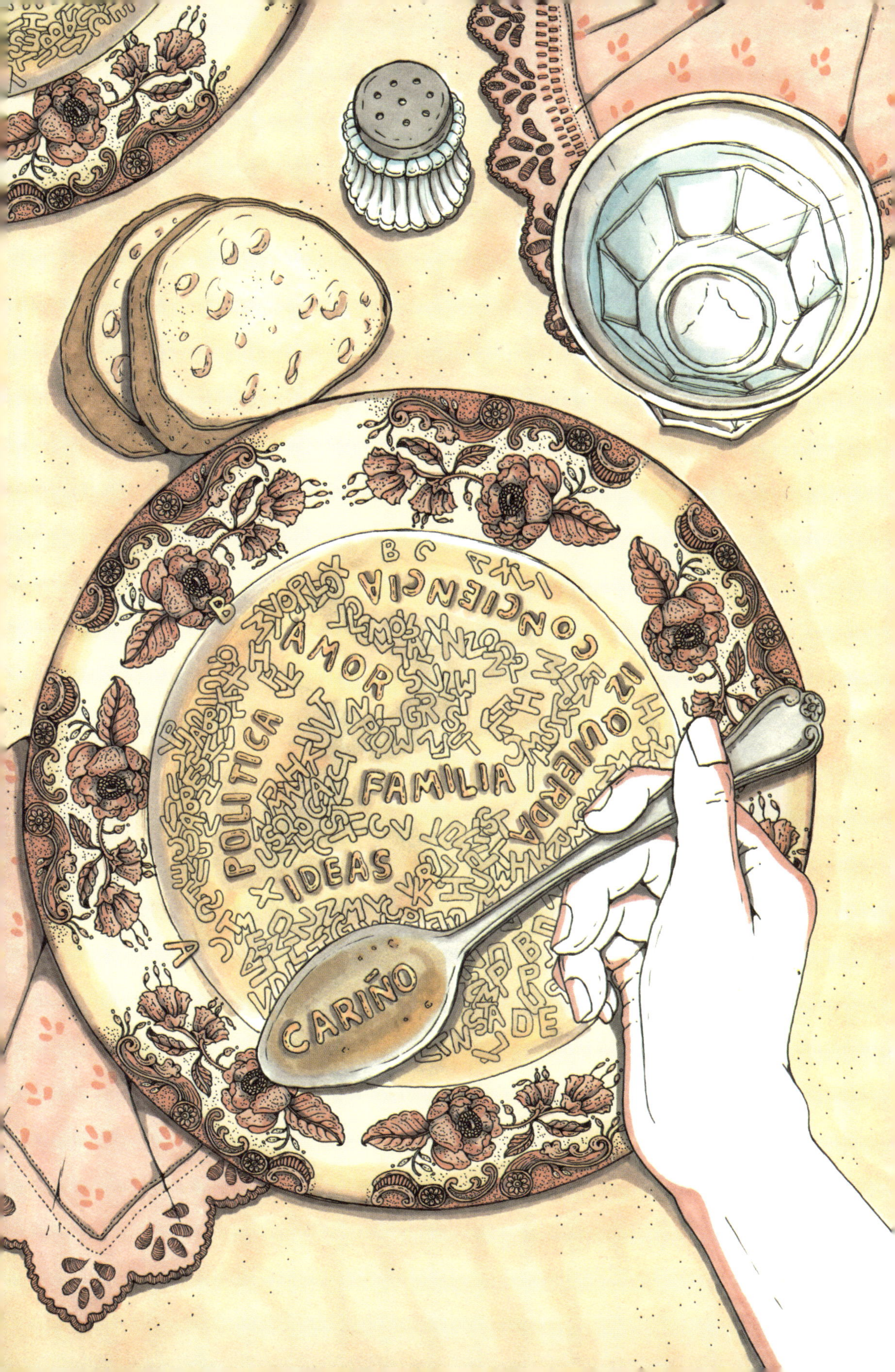
CONCIENCIA
AMOR
POLITICA
FAMILIA
IZQUIERDA
IDEAS
CARIÑO

Los *Episodios*

En el año 2010, Almudena publica la primera entrega y anuncia que forma parte de un proyecto mayor. Se trata de *Inés y la alegría*. En su nota final explica que no solo ha sido fiel al espíritu de Galdós, sino también al de Max Aub en *El laberinto mágico*. Escucho *Inés y la alegría* en audiolibro, aprovechando los kilómetros de este verano de 2023 que me llevan de Madrid al norte y luego al sur de nuestro país en solo unos días, aunque no me alcanza para escuchar las veintiocho horas de grabación y lo termino en papel. No recordaba, por ejemplo, la historia que cuenta sobre Dolores Ibárruri y Francisco Antón. No me da de sí este libro para traerla aquí, pero es un episodio alucinante sobre cómo la férrea dirigente comunista se dejó caer en una debilidad sentimental.

La historia de la invasión del Valle de Arán le pareció tan inmensa y se sintió tan incrédula de no conocerla que se decidió a hacer algo con ella. Pero, además, había una imagen: una mujer que va a caballo con una pistola y que había hecho cinco kilos de rosquillas. Tenía un wéstern. Así, lo que fue una novela después nació como un guion de cine escrito con la complicidad de Azucena Rodríguez. Tras un año y medio de mover ese guion, y recibir la negativa de las productoras que no se atrevían con la historia de una mujer que disparaba contra guardias civiles, Almudena pensó que ella lo que sabía hacer eran novelas. Y escribió. Y trazó las otras cinco. En la nota de la autora que escribe al final de *Inés y la alegría*, explica:

> Mis novelas, que arrancan en el momento en que terminan las de Max, son obras de ficción, cuyos personajes principales, creados por mí, interactúan con figuras reales en verdaderos escenarios históricos, que he reproducido con tanto rigor como he sido capaz.

Los *Episodios* no cuentan las grandes batallas, sino aquellas peripecias pequeñas que fueron igual de heroicas. Y abarcan cuarenta años de lucha ininterrumpida, «un ejercicio permanente de rabia y coraje en el contexto de una represión feroz». Los personajes de las cinco novelas se cruzan, saltan entre las páginas, protagonistas en unas y secundarios en otras.

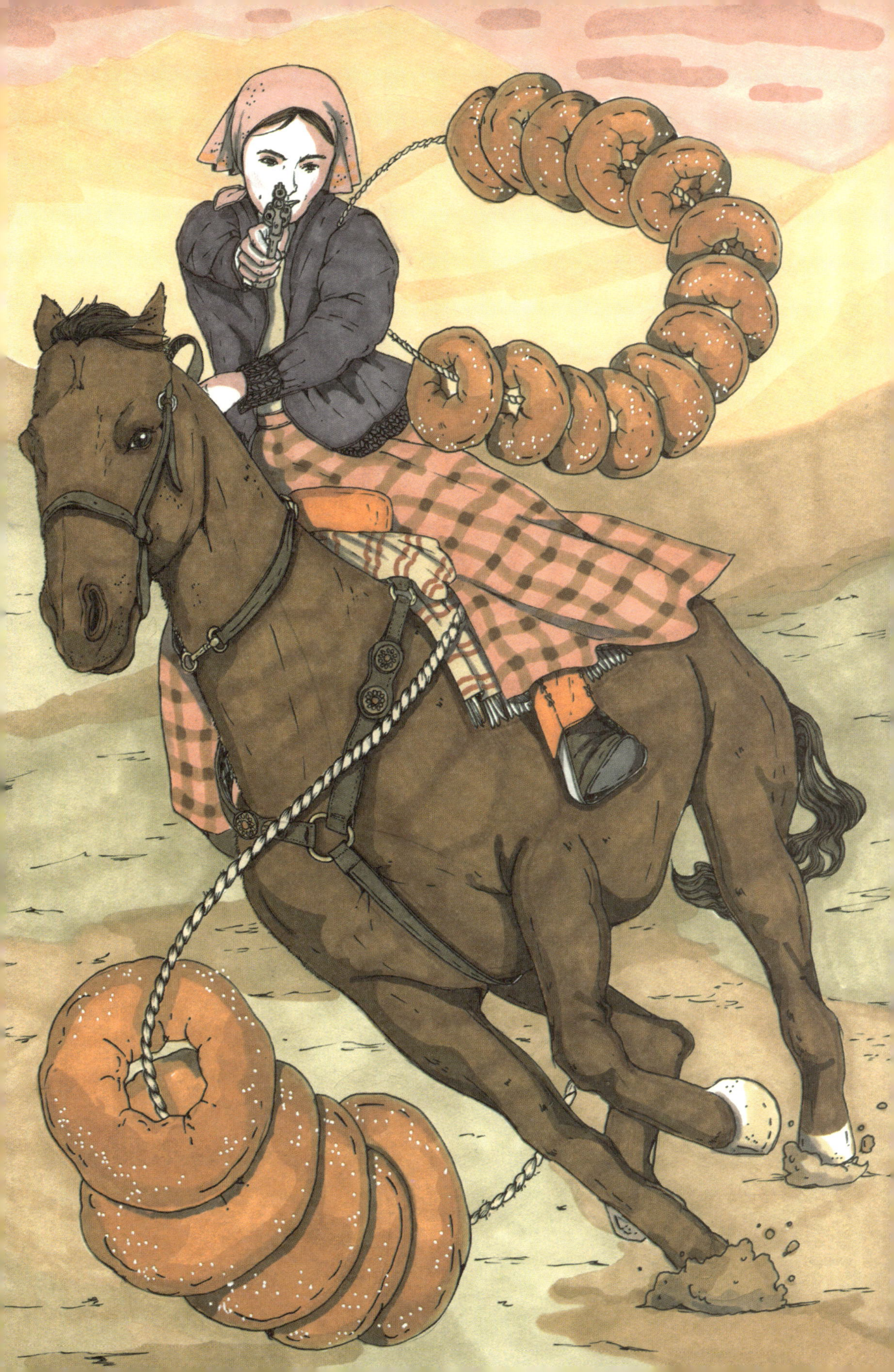

En el despacho de su casa hay una gran sección de libros sobre la guerra civil española y la posguerra. Se convirtió en una rastreadora de personajes y anécdotas, descubrió que aquel periodo y la deformación que provocó sobre nuestra historia contemporánea eran un tesoro narrativo. En aquella época, lo leía todo, lo buscaba todo sobre el franquismo. «Si hubiera encontrado un libro sobre filatelia en el franquismo, lo habría leído también», decía. Y, en cuanto a los miles de historias, añadía: «Los españoles vivimos sobre un filón». Y fue dando voz a los que no la tuvieron. Investigó, descubrió y ficcionó los márgenes de un país donde, en palabras de Cernuda, habitaba el olvido.

Después de *Inés*, en 2012 publica *El lector de Julio Verne*, la novela de su amigo Cristino, decía ella. Ahora recuerdo que conocí a Cristino en Rota en verano. Que su mujer me enseñó fotos del hijo de ambos y que yo no sabía que ese Cristino, o no supe trazar la línea, era el Cristino que prendió la mecha de la novela de Almudena. Cristino le contó a su amiga escritora que en la casa cuartel de la Guardia Civil donde vivió de niño, en Fuensanta de Martos, en la sierra sur de Jaén, las paredes eran tan finas que los niños grandes se ponían de acuerdo para cantar muy fuerte cuando los detenidos gritaban, para que los más pequeños no escucharan las torturas. Cuenta la novela que Nino era un niño que no crecía y que sus padres, para suplir esa falta de talla, deciden que, al menos, estudie mecanografía. Lo mandan con una antigua maestra represaliada al otro lado de la frontera, esa línea que separaba el llano y el monte, donde se escondía el maquis. Esa imagen, los pies de Nino colgando en la silla en la que se sienta para hacer sus ejercicios de mecanografía, fue el detonante de esta novela.

En casa de esa maestra, en cajas de fruta apiladas a modo de estanterías, doña Elena tiene cerca de trescientos libros. Ella le presta al niño quince novelas de Julio Verne y así Nino escapa de la realidad y de su destino. Todo un homenaje a la literatura como antídoto para la vida. En esta misma novela aparece el personaje preferido de Almudena, Pepe el Portugués, un forastero fascinante que le muestra al pequeño que hay otras vidas posibles y que se colará en los cinco episodios.

«Como los recuerdos dolían, no recordaban. Como las lágrimas herían, no lloraban. Como los sentimientos debilitaban, no sentían». En 2015, dice Almudena que había escrito la novela de esos personajes secundarios que no están en primer plano, de los que pasan por detrás en las imágenes de los documentales, de esas señoritas «conmigo no contéis», de los zarandeados en su cotidianeidad por el contexto, de aquellos para los que después de la Guerra Civil empezó algo peor y sí hubo que contar con todos y todas. *Las tres bodas de Manolita* se publicó en 2014.

Pero Almudena también dudaba. ¿Y si se estaba equivocando? ¿Y si era una locura escribir novelas de tantas páginas? Un día, su hijo Mauro se la encontró pensando sobre esto. «Si cada vez se leen novelas más cortas, si a los jóvenes esto no les interesa», le dijo. Ella le explicó sus dudas y le preguntó su opinión. Mauro se fue y volvió con los tomos de *Canción de hielo y fuego,* las novelas en las que se inspiró la serie *Juego de tronos,* que Almudena vio después y le gustó mucho. Si George R. R. Martin era leído y admirado por millones de jóvenes en todo el mundo, le dijo Mauro, por qué iba a frenar ella su ambición.

Otro de los *Episodios*, el que relata *La madre de Frankenstein*, había obsesionado a Almudena durante décadas. Se cruzó con la historia en 1989, aquel año tan importante de su vida. Sobre las mesas de novedades, junto a *Las edades de Lulú* había más libros y, entre ellos, estaba *El manuscrito encontrado en Ciempozuelos*, del psiquiatra y ensayista asturiano Guillermo Rendueles Olmedo. En la cubierta aparecía una mujer joven sobre la que se superponía otra mayor y, encima, un fotograma de *Frankenstein*, la película inspirada en la novela de Mary Shelley que, por supuesto, Almudena había leído también. Durante treinta años, la fascinación por la historia de Aurora Rodríguez Carballeira no hizo más que crecer. Tanto es así que, reconoce, *La madre de Frankenstein* no existiría si no hubiera existido ese otro libro en los años ochenta sobre la famosa filicida. Cuenta Almudena en esta novela la vida de las enfermas mentales en los años cincuenta.

Pero hay otra mujer que acompañó a Almudena durante la escritura. Agripina, Ina para la familia, fue su tata cuando eran pequeños.

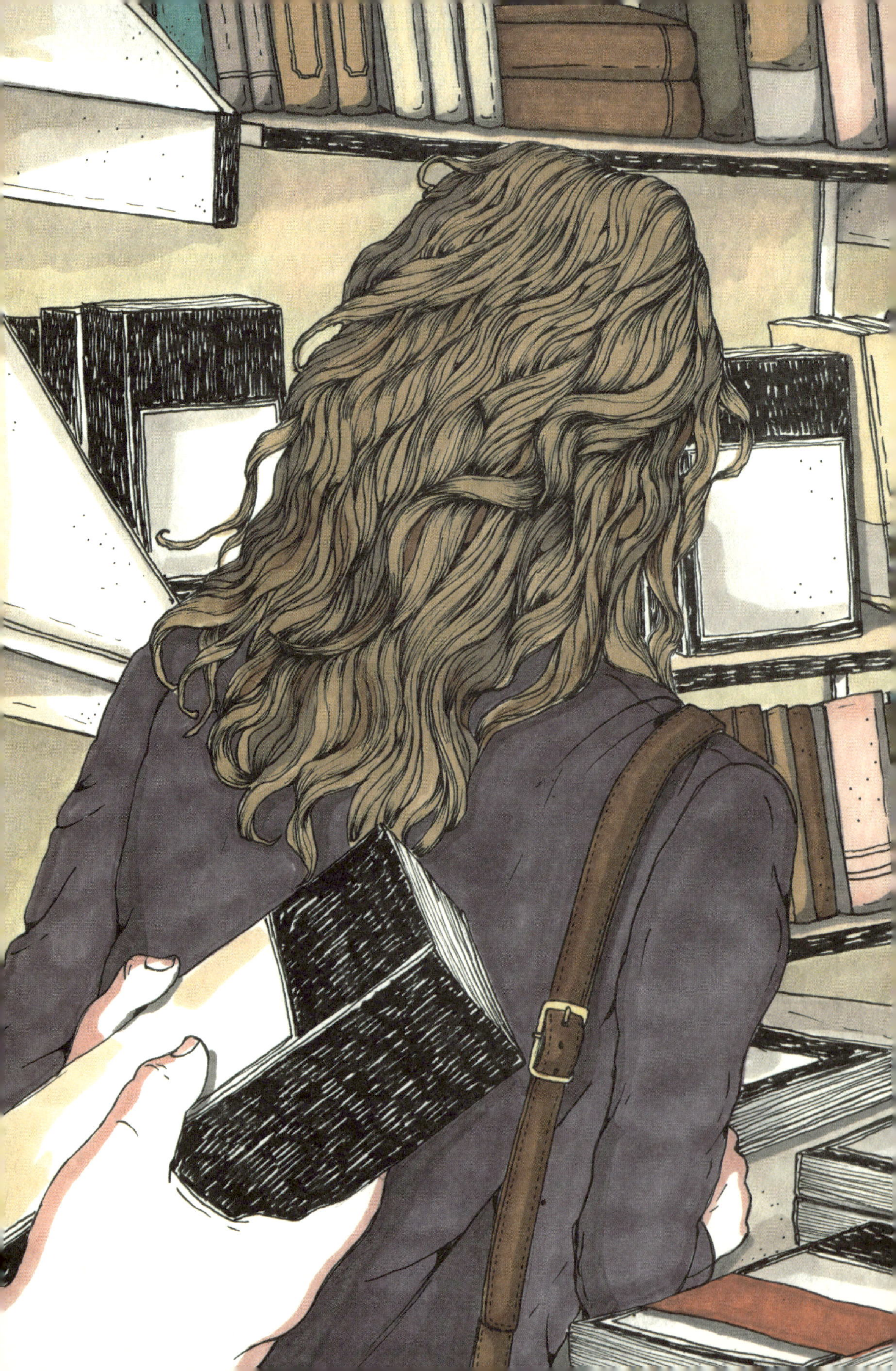

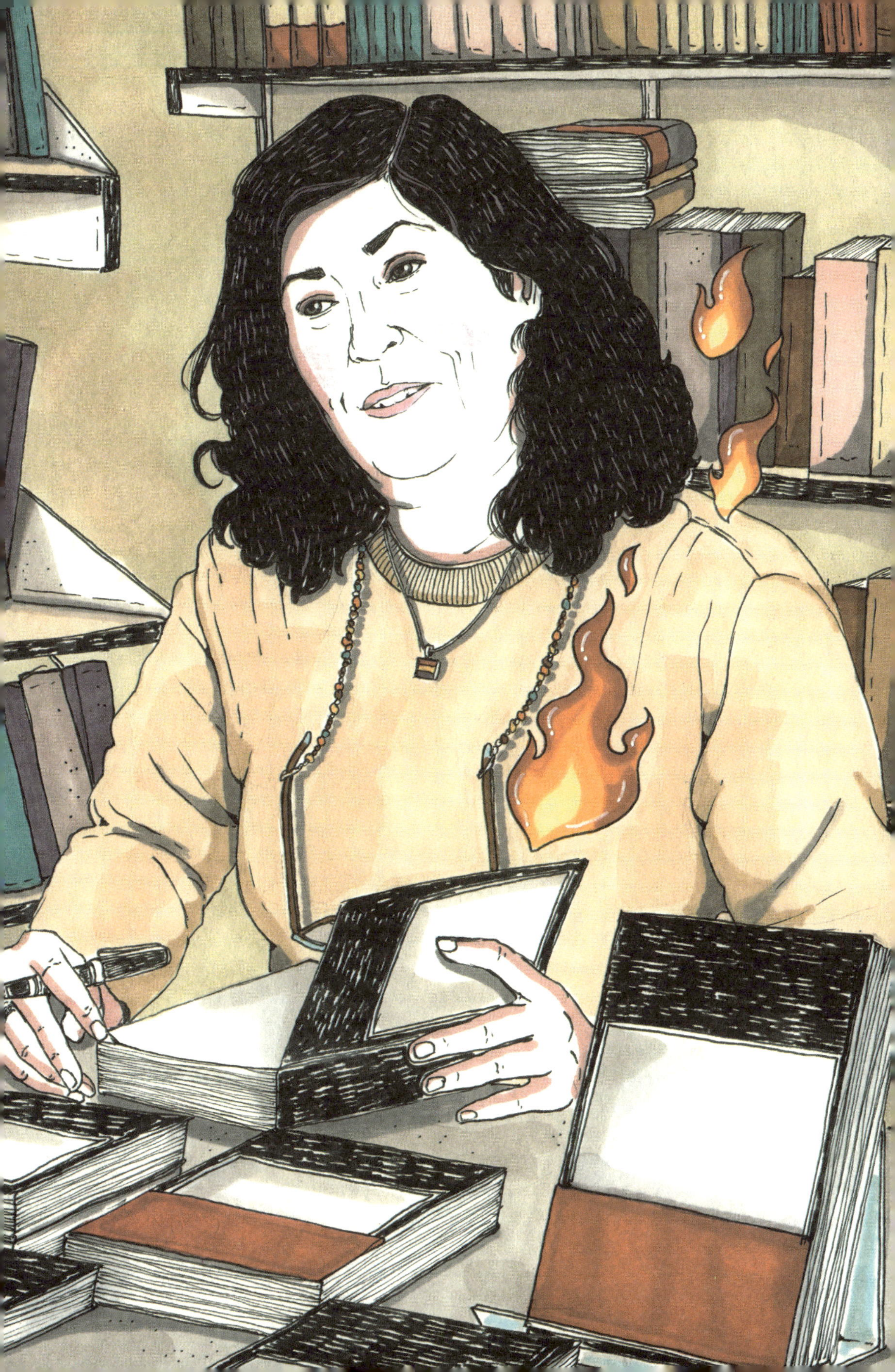

Ina llegó a Madrid siendo muy joven y trabajaba en la casa de los Grandes. A Almudena le impresionaba, por encima de todas, una de las historias que contaba: que cada 6 de enero, los Reyes Magos dejaban en su casa una naranja para cada uno de sus hermanos. Ocho naranjas, en total. La recordaba en la escritura porque Ina murió de cáncer antes de que Almudena alcanzara la edad en la que ella comenzó a servir, sin disfrutar nunca de la vida, y porque representaba a una de los millones de mujeres españolas, con sus millones de historias distintas, ocultas, silenciadas y olvidadas en la larga noche de la dictadura. Pienso ahora que a mi abuela también le echaban los Reyes una naranja, una naranja que venía de Valencia, del estraperlo, porque su padre era jefe de estación en un pequeño pueblo de Extremadura.

El éxito de la serie *Episodios de una guerra interminable* fue enorme. Las presentaciones se llenaban, las colas para la firma en las Ferias del Libro eran interminables. Los lectores esperaban con ganas cada título y Almudena respondía a casi todas las llamadas, giraba con sus libros por España y por todo el mundo.

Ella definió *Los pacientes del doctor García*, por una parte, como el último cartucho de esperanza de aquellos hombres y mujeres que esperaron hasta el final que los aliados invadieran España y acabaran con la dictadura y, por otra, muestra la desconocida red de evasión de criminales de guerra nazis que funcionó entre Madrid y Buenos Aires entre 1945 y 1955. Una red dirigida por una mujer. Almudena tenía, de nuevo, la imagen: una fotografía que encuentra en un libro de Javier Juárez publicado en 2006, *La guarida del lobo*. Allí ve a una joven corpulenta en bañador, con brazos de nadadora y cara de niña, con un trofeo en la mano. Esa mujer era Clara Stauffer, nacida en Madrid en el seno de una familia de origen alemán, y descendiente de los Loewe. Clarita era una atleta, campeona de España de esquí y natación. Pero también fue una destacada militante de la Sección Femenina de la Falange, donde estuvo al frente de prensa y propaganda. Así que, reconoce Almudena, buena parte de todo lo que tienen en la cabeza las mujeres de su edad y algo mayores se debe a la creatividad de Stauffer. Un personaje fascinante. Almudena sabía que una villana de verdad tiene que ser inteligente. «Lo terrorífico es que una persona capaz de matar quiera mucho a su madre o a su perro o que cultive orquídeas», les explicaba a los lectores en las presentaciones de esta novela. En los cuatro años que duró la escritura de *Los pacientes*, cuando alguien le preguntaba qué estaba escribiendo, respondía: «Una novela de espías». Pero esta novela no es solo eso; como en todas las demás, está la vida cotidiana, está Guillermo el médico, está Manuel el diplomático exiliado, están la burguesía republicana, la supervivencia y la política. Hace solo unos meses, RTVE convirtió en serie de ficción esta novela.

Los *Episodios* quedaron sin concluir, a pesar del trazo previsto de toda la serie que Almudena tenía en su cabeza y que estaba decidida a terminar. No pudo escribir *Mariano en el Bidasoa*, de la que solamente tenía las notas de sus cuadernos. Pero los miles de páginas de estos cinco libros que tanta felicidad y dudas brindaron a Almudena ya son una luz encendida en las habitaciones más tétricas del pasado, también en las más heroicas. Porque mantener la memoria, mantenerse en pie frente a los bárbaros que pretenden el olvido, contarlo las veces necesarias frente a todas las extorsiones de la verdad, también es hacer política y seguir en la resistencia. La literatura no ajusticia, no tiene esa capacidad, pero alumbra. Sean cuales sean los embates de nuestro tiempo, resistir frente a ellos: esa es nuestra intimidad creativa más revolucionaria. «Recuérdalo tú y recuérdalo a otros».

Luis Cernuda, como tantos otros exiliados, murió fuera de España, en Coyoacán, Ciudad de México, en casa de su amiga la poeta Concha Méndez, exiliada también. Su vida concluyó, como la de Machado, cubierta por el polvo de otro país. Persigamos el verso con el que arranca su poema, un poema que termina así:

> *Gracias, compañero, gracias*
> *por el ejemplo. Gracias porque me dices*
> *que el hombre es noble.*
> *Nada importa que tan pocos lo sean;*
> *uno, uno tan solo basta*
> *como testigo irrefutable*
> *de toda la nobleza humana.*

MILITAR EN LA ALEGRÍA

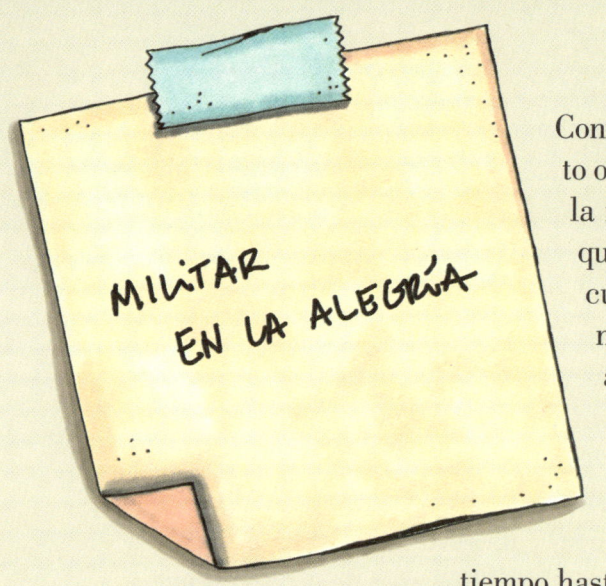

Confieso que en este libro me he visto obligada algunas veces a rebajar la melancolía y la nostalgia a las que tiendo cuando escribo. Porque, cuando se me ha rebelado, he tenido la sensación de no ser leal a la forma de ser de una mujer a la que todos recuerdan como una militante del optimismo extremo y la alegría. Para Almudena nunca iba a hacer mal tiempo hasta que empezaba la tormenta, o siempre iban a ganar las elecciones aquellos por los que había votado hasta que la realidad se imponía. Pienso que incluso su compromiso político tiene que ver con esa extraña lucidez positiva.

Que la felicidad es una forma de resistencia lo entendió Manolita al final de su novela; yo lo comprendí durante la redacción de estas páginas, y Almudena lo supo mucho antes, y vivió a su favor y a favor de brindar felicidad a los demás. Como escribió su amiga, la periodista Rosana Torres, «Almudena era extremadamente inteligente y lo demostraba no en las cosas que hacía, sino en cómo las hacía».

Es inútil, porque nadie va a venir a plantearme nada, pero si tuviera que quedarme con algún aprendizaje de Almudena, incluso por encima de su literatura, sería haberme contagiado de algo de esa forma clara y vital de habitar los años, de soltar la carcajada oportuna, de disfrutar desde las acciones más pequeñas de la vida cotidiana hasta el éxito más rotundo, de ponerse del lado correcto, de mantener un riguroso orden de prioridades para escalar lo verdaderamente importante y, como dice Felipe Benítez Reyes, de saber comprender con vehemencia que tanto el amor como la literatura exigen una entrega incondicional y apasionada. «Legal, decente, un torrente de la naturaleza», así la define uno de sus mejores amigos, Benjamín Prado. Ella lo hacía de esta sencilla manera: «Yo soy una escritora española, roja, republicana y que tiene un gato».

De todas las palabras que definen a la mujer que fue, la más repetida es «generosa». No es una palabra para ponerle a cualquiera. Conmigo lo fue, todavía le agradezco los ejemplares que se han vendido cada vez que recomendaba mi novela aquí o allá. Lo fue con los amigos y amigas que se sentaban a su mesa para cenar o comer. Lo era cuando escuchaba los problemas de los demás. Lo fue con sus hijos. Lo fue con el amor. Y lo fue consigo misma, consintiéndose siempre esas pequeñas rutinas vitales, esas acciones a las que ella hacía hueco en su vida en medio de todo lo grande que la rodeaba, pequeños paseos y objetos de recuerdo, el mantenimiento de la cotidianeidad que marcó su infancia, breves destinos para seguir cuidando siempre de ese cabo a tierra que nos hace seguir siendo nosotros mismos a pesar de los años.

Entrar en las librerías. Las bolas para el árbol de Navidad que todos le traían de sus viajes. Los bolígrafos y los cuadernos que siempre compraba en Salazar, una papelería-imprenta que había en Chamberí. Comer, beber y fumar. Las sobremesas. La ropa de la tienda Santa Rita de la calle Barquillo. Cantar «Ay, pena, penita, pena», aunque entonara fatal. Las óperas en el Real, a las que iba una vez al mes con Irene o con Elisa. Pasear desde su casa hasta El Corte Inglés de Sol porque en ese trayecto siempre pasaban cosas, siempre se veían rarezas. Las pequeñas mujeres gordas que coleccionaba. Poner un belén gigantesco siguiendo una trama muy pensada con figuritas compradas en la plaza Mayor. Hablar con el taxista, con la pescadera, con cualquiera que se cruzara en su camino. No salir de casa en los días de escritura. La lonja de Rota. El momento de la cena en los aviones. Buscar el pan, la canela, el limón y la leche para las torrijas por las tiendas de su barrio. Llamar a Elisa a voces para que vaya a rebañar la cuchara de la besamel. Hacerle *spoiler* a Mauro cuando le veía leyendo una novela en casa: «Ese muere al final, pero léelo, que está muy bien».

Uno de los textos más hermosos que he leído sobre Almudena Grandes lo escribió la periodista Clara Morales en *Infolibre*. Se titula «Lo que nosotras aprendimos de Almudena» y se publicó el 28 de noviembre de 2021. Subrayo esta frase final: «Almudena Grandes era amable y generosa en sus gestos y en su conversación. Gran parte del cariño que se le muestra [...] tiene que ver con eso».

¿Lloraba Almudena alguna vez? Claro que sí: cuando escribía. Y mucho.

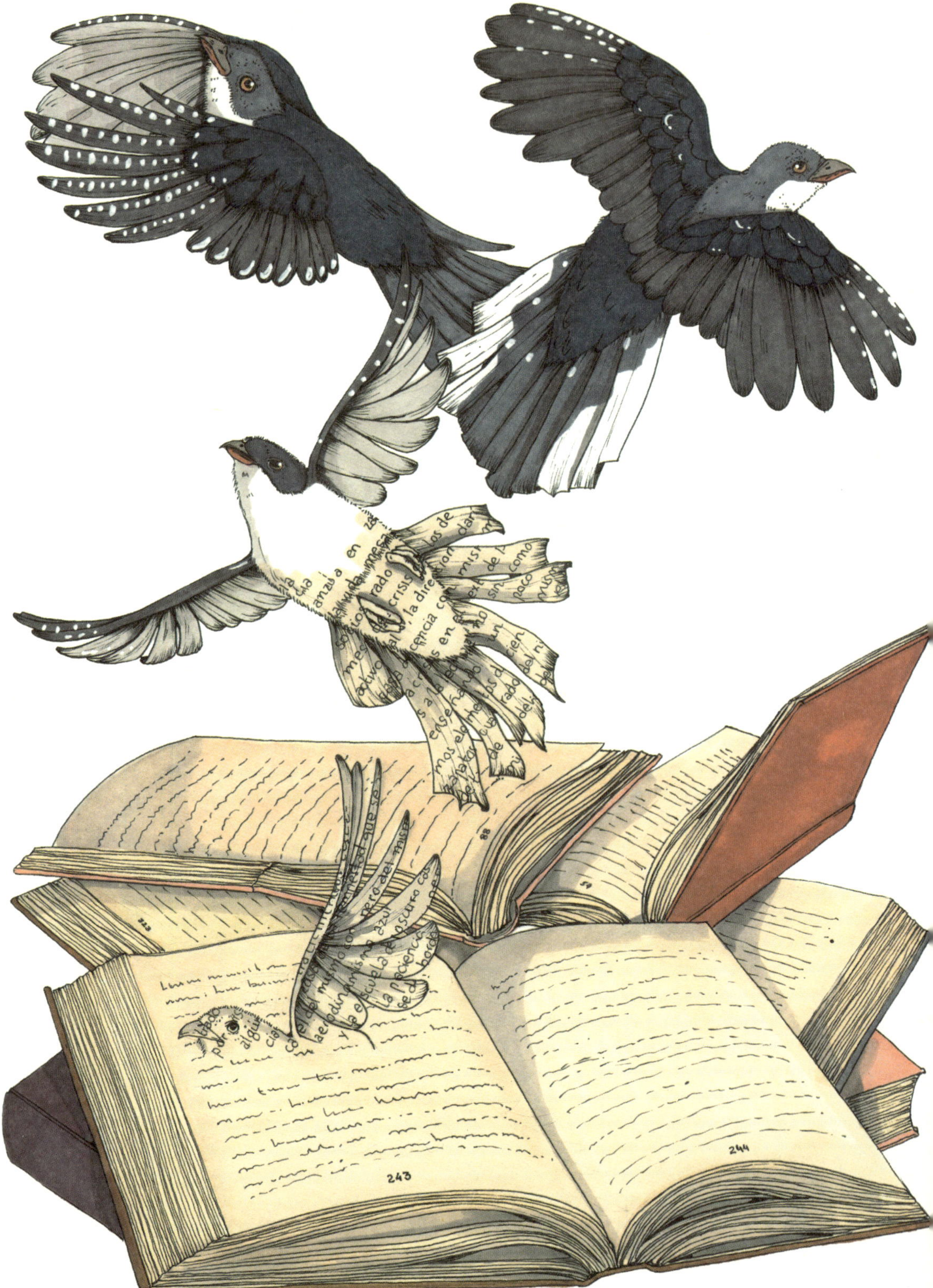
243
244

La libertad de la lectura

Qué libros escribiré, cuáles serán sus títulos, qué vueltas dará la vida para que algo nuevo se abra paso y acabe envuelto en una novela. Son interrogantes que llevamos dentro quienes escribimos, aunque no lleguemos a formularlos. Los que, además, estamos al comienzo y hemos publicado poco, nos preguntamos si lo volveremos a conseguir. Acabar una novela tiene su épica. «Escribir es difícil, siempre», decía Almudena. Son muchas las riendas que se sujetan con solo un par de manos para que ese caballo no se desboque, para que avance y nos lleve allí donde queremos. En cuanto a su público, ella no tenía dudas, sabía que sus lectores y lectoras la esperaban, que esperaban los libros que ella quisiera escribir, y pocos autores han vivido la entrega de una comunidad como la que tenía ella. Y le quedaban novelas por escribir: *Mariano en el Bidasoa*, ese sexto episodio, pero también albergaba ya otras ideas.

Recuerdo una tarde de 2019 en la librería Rafael Alberti de Madrid. Almudena presentaba una novela de Use Lahoz. Yo estaba sentada en esa mítica escalera blanca, la miraba hablar y me parecía indestructible. Por aquel entonces, mi madre atravesaba un proceso de cáncer que nos tenía en vilo. Lo que quiero decir, con sinceridad, es que en ese momento pensé que a Almudena, que era solo cuatro años más joven que mi madre, no le iba a pasar nunca nada, con esa tristeza enajenada con la que miramos el mundo de los sanos los que surcamos un bache de la vida. Esa tarde, Almudena me contó que le estaba dando vueltas a una novela sobre sus bisabuelos. «Imagínate, yo escribiendo autoficción», me dijo. Y echó una carcajada.

Pero a Almudena sí le pasó. Lo anunció ella misma en una columna de *El País Semanal*, «Tirar una valla», el texto más difícil de su vida. Era el mes de octubre de 2021. En él, habla del cáncer que le diagnosticaron un año antes, pero dice algo también importante: que la escritura es su vida y que nunca lo había sido tanto ni tan intensamente como en ese momento. El 28 de noviembre, un día después de su muerte, se publicó su última colaboración, que había dictado a su marido: «Unos ojos tristes», sobre la moda *kinki*. Qué fantástica. Un artículo que, sin embargo, acaba diciendo: «Cada vida es una consecuencia del lugar en el que se han barajado las historias generacionales y las fugas de los destinos».

Durante el tiempo de la pandemia y el confinamiento, durante esos meses difíciles que llegaron después para ella, Almudena dejó de lado los *Episodios* para hacer frente, como hizo con *Los besos en el pan* (2008) en plena crisis financiera, a la situación que atravesábamos. Pero no escribió la novela de sus bisabuelos; lo primero que hizo fue dibujar una imagen en un cuaderno. Son tres montañas de cumbres nevadas. Señala en esa primera página el día que es: «1 de abril de 2020». Escribe: «19.º día de confinamiento. 17.º día del estado de alarma. Año Galdós». Debajo pone: «Sin título». Después lo tacha y escribe: «Todo va a mejorar». El siguiente cuaderno tiene fecha del día 27 y abre con el mismo dibujo. En octubre de ese mismo año, anota: «Vuelvo a escribir. Ayer tuve la primera sesión de quimioterapia». De esa forma, Almudena se agarró a la vida, a lo que era su vida: escribir.

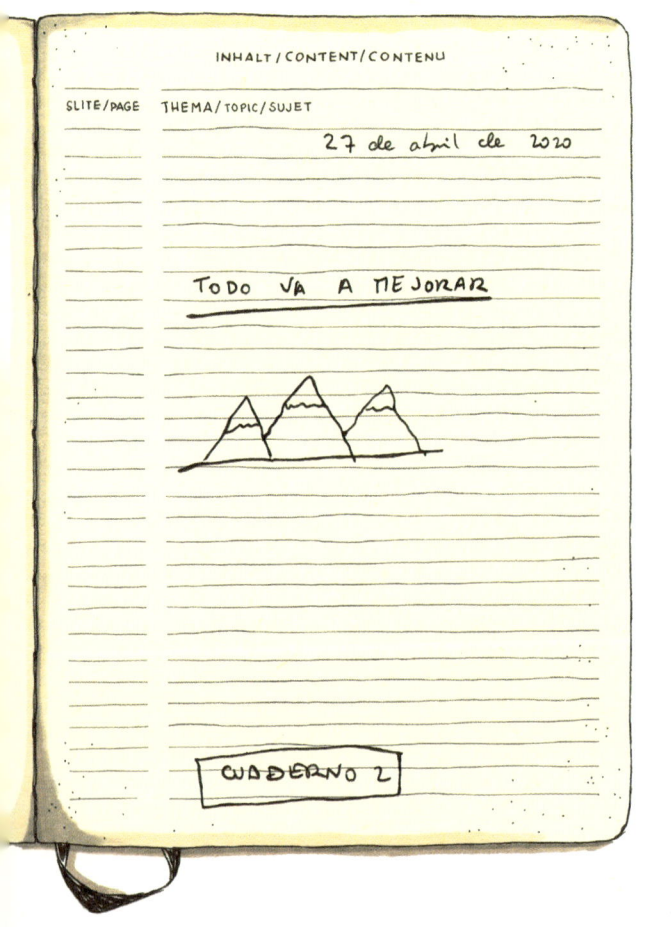

Todo va a mejorar es un episodio futuro. Una novela de resistencia distópica en la que indaga en las tensiones que vivimos entre los cuidados y las libertades tras la llegada de la covid. Necesitó, como siempre, de la literatura para responder a las nuevas dudas que planteaba esa pandemia que encerró a nuestro país y al mundo en sus casas, en un confinamiento sin precedentes. En esta ficción, ciencia ficción, un hombre de negocios convierte al país en una empresa que dirigirá la sociedad. El Consejo de Ministros es un Consejo de Administración, un régimen de terror, de represión, que apagará el acceso a la información. Una dictadura del siglo XXI.

Almudena impregnó su casa de la atmósfera de la novela. Vivieron en los años treinta de este siglo. Cuando hablaba por teléfono, cuando comían, cuando charlaban, todo estaba lleno de *Todo va a mejorar*. La novela contiene su firma: el costumbrismo, la épica de la intrahistoria, España, una trama retorcida y la resistencia de los héroes anónimos.

El último capítulo que escribe lo termina Almudena en octubre de 2021. Un mes antes había tenido que cancelar su cita preferida: la Feria del Libro de Madrid. Llegó hasta el capítulo seis. Almudena no pudo escribir el final, ya no tuvo fuerzas, y le pidió a Luis que lo acabara con las notas de sus cuadernos y las indicaciones que le dio. Luis lo hizo. Siguió las instrucciones y las ideas con las que ella había pensado cerrar la novela. Luis también escribió una nota final en la que cuenta que, encerrados en casa, la única cita diaria a la que no faltaba Almudena era al aplauso a los sanitarios a las ocho de la tarde. Y termina diciendo:

> No he pretendido, desde luego, estar a la altura de la narrativa de Almudena, sino escribir, como ella quería, unas páginas que siguiesen sus indicaciones. Espero no haber traicionado el amor que sintió por sus lectores, sus lectoras y sus personajes.

Leer ese libro hoy es indiscernible de conocer las circunstancias en las que fue escrito. Es duro avanzar en sus páginas sabiendo que *Todo va a mejorar*, con ese título lleno de fe y optimismo, ese optimismo extremo con el que vivió todos sus años, fue su último refugio. Que Almudena no tuvo tiempo para leerlo completo ni para corregirlo.

Hablo con algunos amigos y amigas de una generación posterior, gente vinculada de alguna manera a su obra y los trazos que levantó desde su escritura. Así, la escritora Lara Moreno recuerda que, cuando tenía veinte años, las novelas de Almudena Grandes le enseñaron que podían escribirse personajes de carne y hueso, y que retratar un país, una calle, una casa o un corazón era algo mucho más complejo que una sucesión de descripciones: «Era atravesar muros, tiempos y emociones subida en la prosa elástica e imparable de Almudena. Esa fuerza en sus libros la hacía única en su generación. Luego, la escuchabas hablar y reír y lo entendías todo». La periodista Olga Rodríguez, que tanto ha escrito sobre la memoria, me dice: «Hay que tener mucha fuerza y tesón, como ella tenía, para poner en pie la médula de nuestro país, la espina dorsal que nos atraviesa y nos organiza, que nos explica y nos asigna espacios: ese eje que la narración oficial ni nombra ni reconoce aún. Almudena Grandes rescató miles de historias que el pacto de silencio pretendió ocultar, visibilizó a las mujeres resistentes, humanizó la memoria». El editor Miguel Aguilar, hijo de Miguel Ángel Aguilar y Juby Bustamante, pareja amiga de Luis y Almudena, me dice: «Almudena, como dijo ella de mi madre, era buena e inteligente, muy buena y muy inteligente. Compartían además la extraña virtud de hacerte sentir acogido y entendido, y una incontenible y contagiosa alegría de vivir. Tenerlas cerca fue un privilegio». Pilar Eusamio, librera de la Antonio Machado, la recuerda también: «Su humanidad me atravesaba». Y me escribe por WhatsApp que, en la presentación a los libreros de *La madre de Frankenstein*, Almudena notó que a Pilar le pasaba algo. Le preguntó y la librera dijo que había pasado la noche en el hospital con su madre. Almudena cogió otro libro de la pila y se lo dedicó a la mujer: «Para que este sea el primer libro que leas». «Lo importante es que Ana Mari se ponga bien», dijo al marcharse. Lo cierto es que yo conozco a Pilar, como a tanta gente, a través de Almudena, aunque nunca hayamos estado juntas las tres.

Fueron muchos los premios que recibió: el primero, La Sonrisa Vertical, por *Lulú*, pero también el de los Libreros de Madrid por *El corazón helado*, el Jean Monnet de Literatura Europea y el Nacional de Narrativa por *Los pacientes del doctor García*, o el de la Crítica, el Premio Iberoamericano de Novela Elena Poniatowska y el Sor Juana por *Inés y la alegría*, entre muchos otros. De forma póstuma se le concedió la

Medalla de Oro al Mérito en las Bellas Artes, y la Asociación Pro Derechos Humanos de España la distinguió por su trabajo en la recuperación de la memoria democrática. Hoy, en la universidad, en la carrera de Historia, como bibliografía complementaria se recomiendan las novelas de Almudena. Y no me resisto a dejar aquí un mensaje para aquellos que infravaloran el poder de su escritura: probad un día a escribir, probad a contar el pasado de un país complicado como el nuestro, probad a poner a las personas en el crisol de la historia que las mueve y que, como ella decía, sigan riendo, sigan amándose, sigan viviendo.

Almudena era consciente de la trascendencia de su obra. Pocos autores contemporáneos han sumado así el éxito de lectores y el mérito literario. Pocos han levantado tramas tan complejas, laberintos argumentales tan difíciles como la vida, pocos han creado personajes tan redondos, contradictorios, humanos, con una prosa caudalosa, de intensa potencia, a veces barroca, a veces limpia.

El ruido político que se ha levantado después de su muerte no es más que el resultado de una literatura comprometida contra el pacto del olvido. Nada podrán hacer para limitar esa proyección quienes cambian denominaciones de calles, bibliotecas o premios que llevan su nombre y empañan el legado literario de la escritora. Hoy, más que nunca, la ignorancia es la parte más sucia de la política.

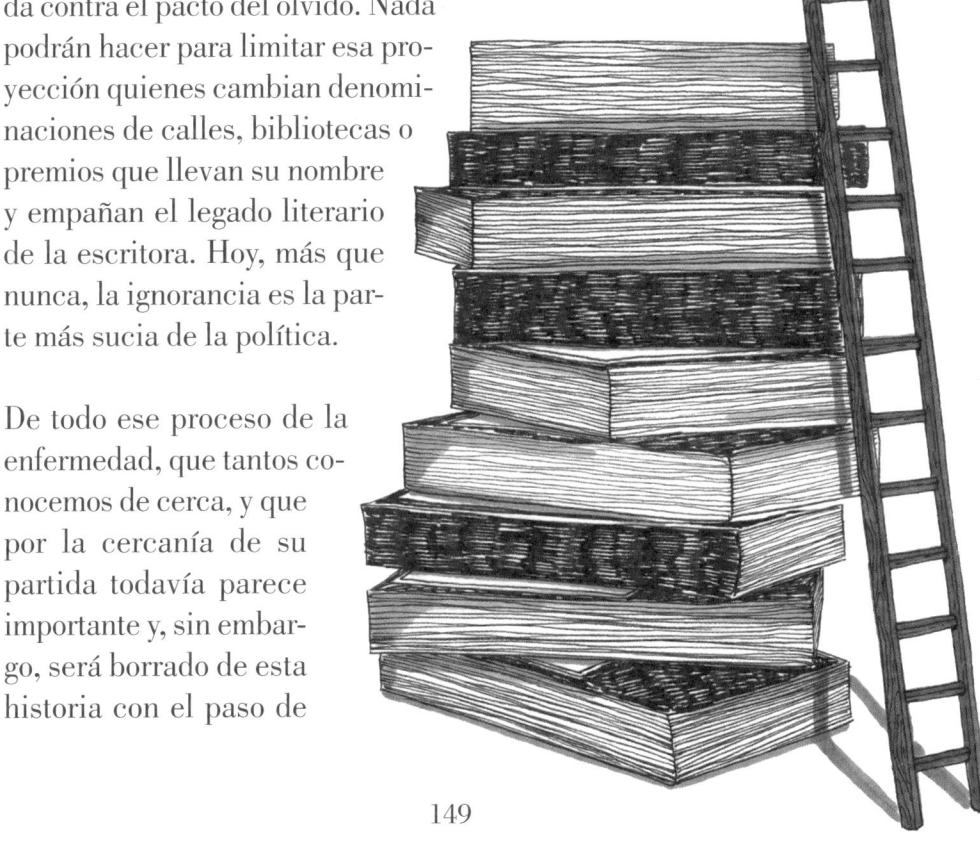

De todo ese proceso de la enfermedad, que tantos conocemos de cerca, y que por la cercanía de su partida todavía parece importante y, sin embargo, será borrado de esta historia con el paso de los años, me refiero a la enfermedad, «una como otra cualquiera», solo quiero salvar de su salvaje intimidad los versos de Luis García Montero en *Un año y tres meses*, el poemario que escribió para darse respuesta a la pérdida, al tiempo de cuidados que compartieron y que el poeta reconoció como el más feliz de su vida junto a su compañera.

> *Supongo que este modo de sentirse*
> *definitivamente hundido*
> *es una forma mía de estar enamorado*
> *para empezar de nuevo*
> *una vida distinta*
> *con el amor de siempre.*

El día 29 de noviembre de 2021, soleado y frío en Madrid, no se nos va a olvidar nunca a los que estuvimos en el Cementerio Civil, allí donde yacen cientos de republicanos, comunistas, socialistas, intelectuales, librepensadores, artistas o miembros de la Institución Libre de Enseñanza. Una ciudad silenciosa de piedra y árboles, rodeada de tapias de ladrillo que guardan un siniestro pasado y un hermoso sueño roto. Convocados por el periodista Ramón Lobo a través de Twitter, bajo banderas de la República, cientos de lectores y lectoras alzaron las novelas de Almudena Grandes, todavía cubiertos por las mascarillas de la pandemia, y aplaudieron, lanzaron vivas y lloraron. Allí leyó Ana Belén el artículo de Almudena sobre Joséphine Baker. Se escuchó el poema «La ausencia es una forma de invierno», de Luis. Sonó la canción «Noches de boda», de Joaquín. Allí, inclinado sobre la tumba, le dio un beso a su libro *Completamente viernes* el poeta y lo dejó caer. Allí había un cartel enorme con la fotografía de Almudena donde se leía: «No hay amor sin admiración».

Almudena fue y será libre, más allá de todo, de los años que habitó, de lo que dijo o calló, más allá de las ideas, de todo lo que pudo llegar a pensar y a escribir. Porque la literatura sí es indestructible. Sus novelas permanecerán. Cada lector, cada lectora, cuando atraviese sus páginas volverá a darle más y más libertad, esa palabra grande, mayúscula, una forma de vivir, una idea y un derecho que solo reconocemos cuando lo hemos perdido.

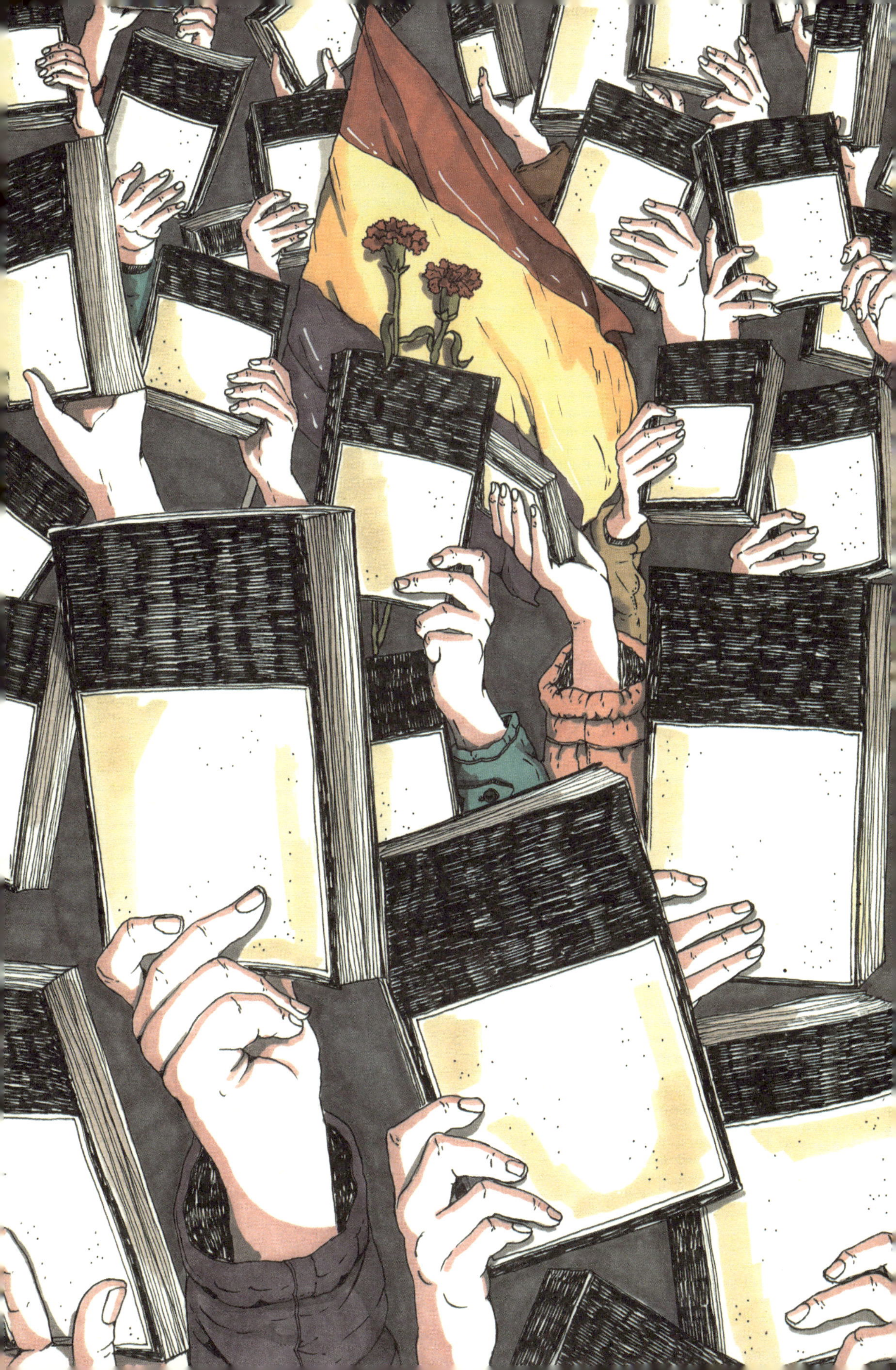

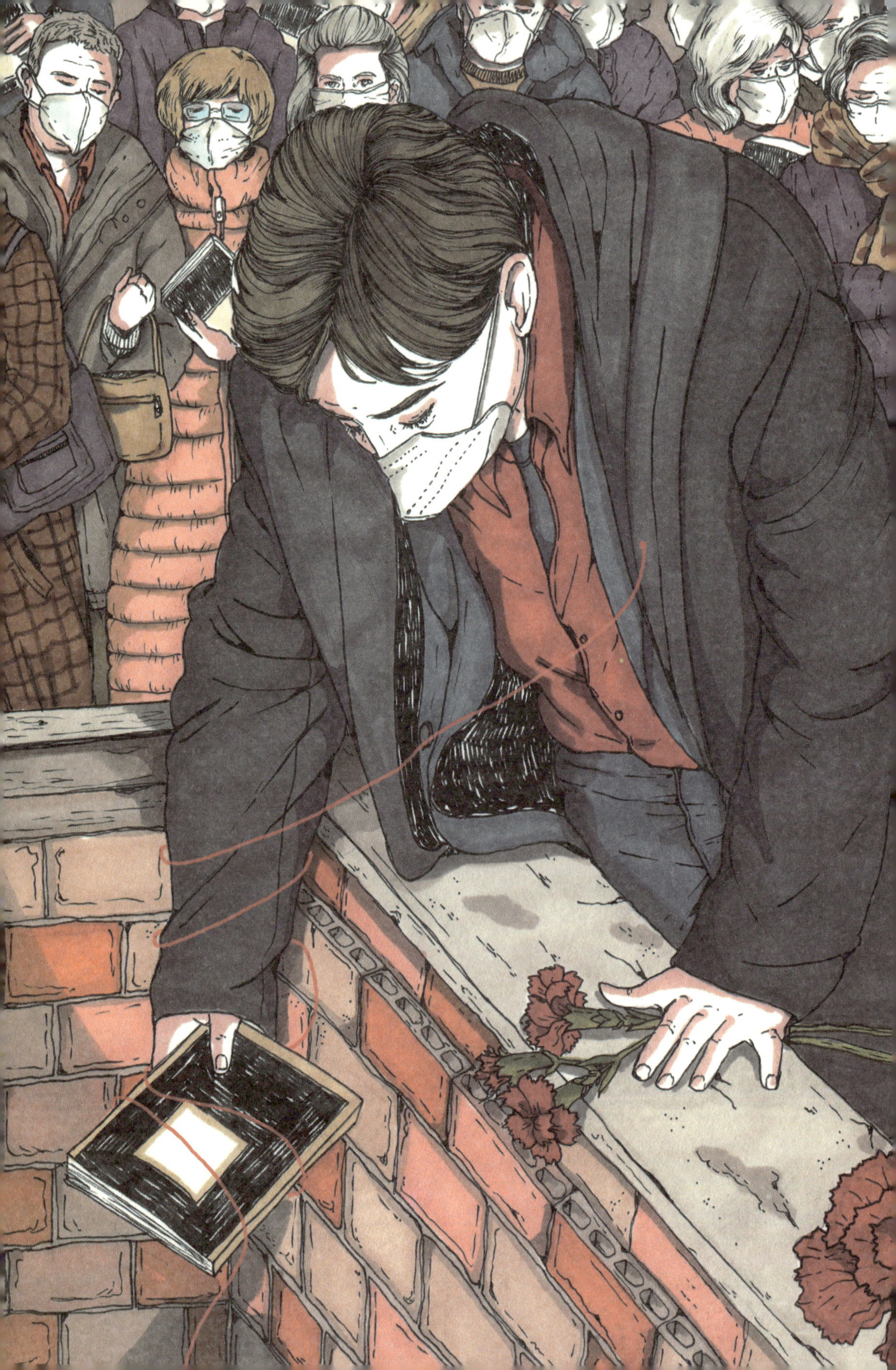

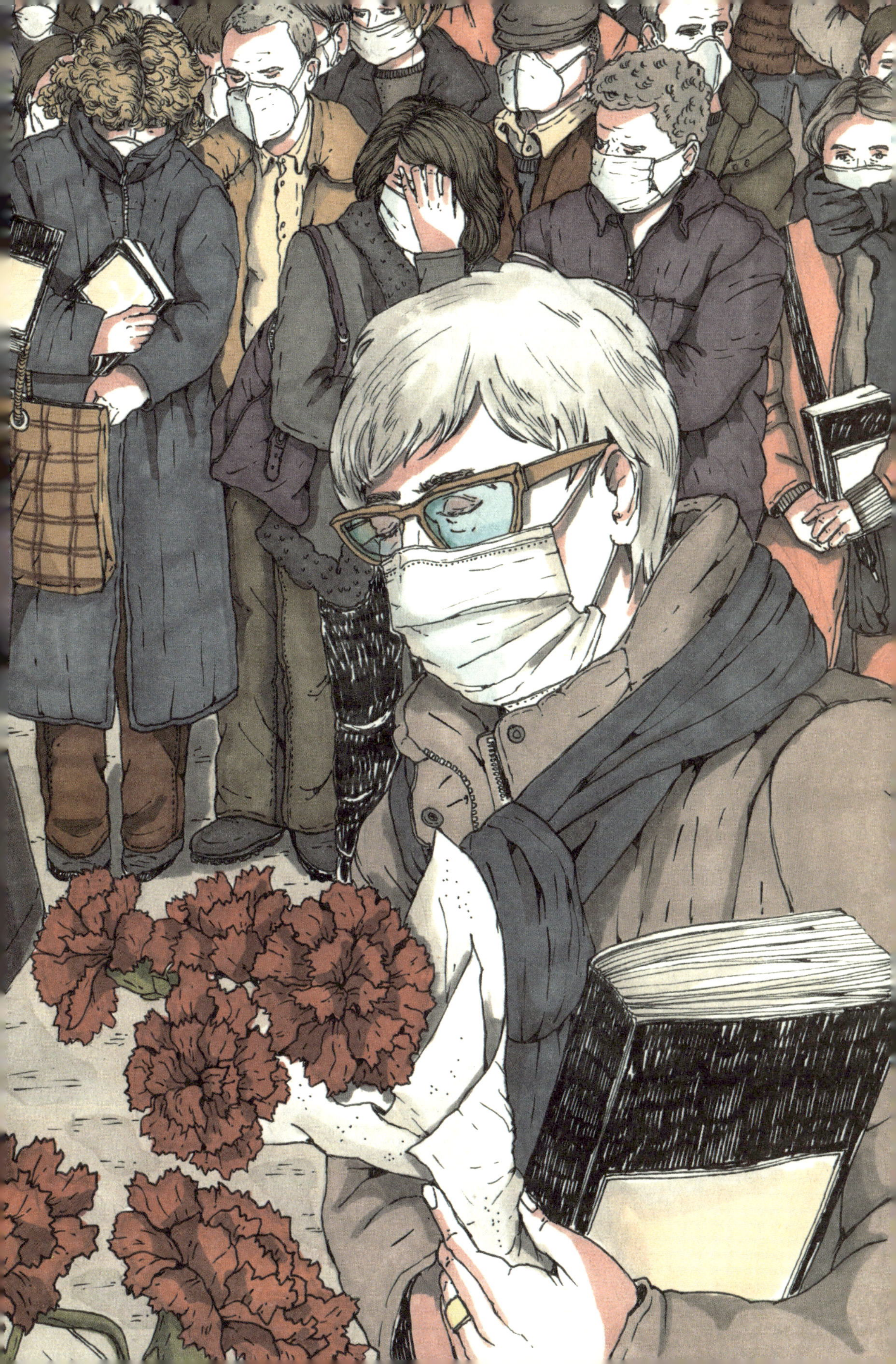

Epílogo: Más vida

He aprendido tres cosas fundamentales mientras escribía estas páginas. La primera, a hacer chipirones en su tinta. Ana Jarén y yo quedamos un mediodía de octubre para cocinar juntas ese plato que Eduardo Mendicutti le pedía a su amiga Almudena. La segunda, algo más sobre el oficio, por el propio ejercicio de volver a escribir una vez más y de releer, y porque han sido cientos de horas de escuchar a una mujer que dedicó su vida a la lectura y a la escritura y tenemos la suerte de que existen miles de grabaciones y textos donde lo cuenta. Y la tercera, quizá la más importante, que el amor es muy capaz de sobreponerse a las ideas.

También he descubierto algunos puntos en común con la escritora que no sabía antes: que las dos tenemos una leyenda familiar llamada Moisés; que fueron nuestros abuelos paternos quienes nos leyeron los primeros versos y nos enseñaron que hay otras formas de expresión que van más allá de la palabra que se dice; que tenemos cierta tendencia a ficcionar nuestra vida, no solo en las páginas; que las dos dibujamos fatal y que ninguna fuimos angelito ni la Virgen María en la función infantil. Y qué bien que no lo fuimos, es mucho mejor ser árbol o pastor en un colegio de niñas.

Lo más difícil de todo ha sido no tener la posibilidad de saber por ella misma. De contar con ella. De enfrentarme a su opinión, de saber si esto le parecería bien o mal. Ha sido complicado intentar esquivar la hagiografía, porque Almudena no fue ninguna santa, y bien por ella, que disfrutó hasta el final de la vida en todas sus aristas, pero espero que los lectores y lectoras comprendan que estaba escribiendo sobre alguien a quien quise y a quien ahora conozco todavía más. A veces, tampoco hay admiración sin amor. También ha sido difícil sujetar mi propio estado civil de ánimo y escritura, algo que Almudena detestaba cuando se descontrolaba, y soy muy consciente de cuándo no lo he conseguido. No he escrito como habitualmente lo hago: en línea recta. He ido saltando y regresando según iba recogiendo información de todas las personas que la rodearon y que me han prestado su tiempo y sus recuerdos. Incluso, he escrito capítulos desde el final hasta la primera frase, dinamitando mis propias fórmulas. Estoy segura de que vendrán otras biografías más objetivas, menos sentimentales, este solo ha sido el viaje de una lectora que, además, escribe.

Decía Almudena que la literatura es vida de más. Leer es vivir otras vidas posibles. Escribir es trazar la imposibilidad de esas vidas que no fueron o que nunca serán. En estas páginas, he convivido con la voz de Almudena, la voz escrita, pero también con ese sonido roto con el que contaba sin artificio la realidad y la ficción. En estos meses de atrás, me he despertado muy temprano. Me he despertado casi en un ayer constante. Y era Almudena quien me esperaba, me acompañaba y también quien me ha salvado en la época más voluble de mis cuarenta y dos años. Compañera, quisiera decirle, me has cuidado, a mí y a mi escritura, sin saberlo.

La última entrevista que hice para este libro fue con Irene, su hija mayor, por teléfono, una tarde de lluvia de finales de octubre. Ella se emocionó al principio de la conversación. No sabe que yo me emocioné al final, cuando me dijo que recordaba que Almudena les contó que el libro de una autora que no conocía le había alegrado el día.

Ella nos dio más vida a través de sus novelas. Y yo intenté alargar la suya un poco más, despedirme como una debe despedirse de las personas que cambiaron su argumento: recordando, apuntalando la memoria. De alguna manera, desde marzo de 2023, se instaló en mi casa. Vigilando por encima de mi hombro estas palabras. Acompañándome en cada decisión. Y así he leído en primera persona del plural toda su obra.

Almudena y yo nos fuimos con Pablo una noche cuando teníamos catorce años. Almudena y yo besamos a un hombre en un secadero de cigarros de La Vera. Almudena y yo le pedimos a Juan que no nos protegiera. Almudena y yo hicimos rosquillas para los guerrilleros del

Valle de Arán. Almudena y yo esperamos juntas en la puerta de la cárcel de Porlier. Almudena y yo dimos el pregón de las fiestas de San Isidro. A Almudena y a mí se nos heló, todas las veces, el corazón.

Este libro ha sido un paréntesis y ha sido un salvavidas. Ahora hay que seguir levantando otras ficciones. Porque lo importante son los libros. Y los libros no se escriben solos.

Agradecimientos

Este libro no sería un libro, sencillamente, no existiría, sin la complicidad y la amistad de Luis García Montero.

Gracias los hijos de Almudena, a Irene, Mauro y Elisa.

A los hermanos de Almudena, Manuel, Gonzalo y Mónica, por aquel atardecer juntos en Becerril de la Sierra.

A Ángeles Aguilera, por sus recuerdos y su emoción; a Eduardo Mendicutti, por el café que nos tomamos en Sanlúcar; a Azucena Rodríguez, porque nos entendimos sin hablar. A la gente de Rota, los Almudenos, que compartieron unos días de su verano.

A Olga Rodríguez, Miguel Aguilar y Pilar Eusamio.

A Curro G. Corrales, que un día sembró una semilla.

A Lola Martínez de Albornoz, por su confianza e ilusión durante todo el proceso.

A Lara Moreno, siempre y a todas horas. Solo ella sabe lo que tuvimos que hacer aquella tarde del 27 de noviembre de 2021.

A mi hijo Pablo, que lleva de segundo nombre Ulises, como el héroe imperfecto de la *Odisea*, que no conoció a Almudena, pero ha convivido con ella en estos meses de atrás y sabe quién es.

Y gracias a Ana Jarén, por su talento, sensibilidad y, sobre todo, por su amistad. Por nuestros niños, el futuro, guardianes de la memoria.

AROA MORENO DURÁN

Torrelodones, noviembre de 2023

Gracias de corazón a la familia y amigos de Almudena por su tremenda generosidad para que este libro haya sido una realidad.

Gracias, Lola, por confiar en mí y ponerme sobre las manos este regalo tan maravilloso.

Gracias, Nacho, porque ya no sé dónde acabo yo y empiezas tú.

Gracias, Gala, por hacer siempre todo más bonito.

Gracias, Aroa, por tu amistad. Como dice Almudena, no hay amor sin admiración, y yo a ti, amiga, te admiro mucho.

Y Almudena, gracias a ti siempre.

Ana Jarén

Referencias de los textos citados

PP. 17-18: Almudena Grandes, «Puerta de entrada. Treinta años después», *Mercado de Barceló*, Barcelona, Tusquets, 2003.

P. 23: Almudena Grandes en «La mirada de la autora», Universidad Pompeu Fabra, Barcelona, Forum Edita, 2018.

P. 32: Almudena Grandes, Pregón en las fiestas de San Isidro, *Diario de Madrid* <diario.madrid.es>, 11 de mayo de 2018.

P. 38: Almudena Grandes en el Máster de Narrativa de la Escuela de Escritores, 2013. <https://www.youtube.com/watch?v=sLcZwlY8OIY&t=193s>

P. 43: Almudena Grandes, Pregón de las fiestas de Becerril de la Sierra, 2019.

P. 55: Almudena Grandes en el Programa *Pretextos*, 8 de septiembre de 1998, Canal 2 Andalucía, Canal Sur Televisión.

P. 78: Luis García Montero, «Tú que todo lo sabes», *Completamente viernes*, Barcelona, Tusquets, 1998, p. 25.

P. 87: Almudena Grandes, citada en Winston Manrique Sabogal, «Grandes, todos los lunes en El País», *El País*, 6 de enero de 2008.

P. 88: Almudena Grandes, «Escupiendo al cielo», *Mercado de Barceló*, Barcelona, Tusquets, 2003.

P. 93: Almudena Grandes, «La vida que me espera», *El País Semanal*, 22 de julio de 2018.

P. 98: Almudena Grandes, «Por amor a mi playa», *El País Semanal*, 21 de agosto de 2016.

P. 102: Almudena Grandes, «Bendiciones», *El País*, 24 de mayo de 2021.

P. 109: Almudena Grandes, *El corazón helado*, Barcelona, Tusquets, 2007, pp. 302-307.

P. 119: Almudena Grandes, «Elegía», *El País Semanal*, 21 de noviembre de 2020.

P. 139: Luis Cernuda, *Desolación de la Quimera*, México, Joaquín Mortiz (Las Dos Orillas), 1962.

P. 147: Entrevista de Luis García Montero con la Agencia EFE, 10 de octubre de 2022.

P. 150: Luis García Montero, *Un año y tres meses*, Barcelona, Tusquets, 2022, p. 43.

Bibliografía

Novelas
Las edades de Lulú, Barcelona, Tusquets, 1989.
Te llamaré Viernes, Barcelona, Tusquets, 1991.
Malena es un nombre de tango, Barcelona, Tusquets, 1994.
Atlas de geografía humana, Barcelona, Tusquets, 1998.
Los aires difíciles, Barcelona, Tusquets, 2002.
Castillos de cartón, Barcelona, Tusquets, 2004.
El corazón helado, Barcelona, Tusquets, 2007.
Los besos en el pan, Barcelona, Tusquets, 2015.
Todo va a mejorar, Barcelona, Tusquets, 2022 (inconclusa).
Episodios de una guerra interminable
Inés y la alegría, Barcelona, Tusquets, 2010.
El lector de Julio Verne, Barcelona, Tusquets, 2012.
Las tres bodas de Manolita, Barcelona, Tusquets, 2014.
Los pacientes del doctor García, Barcelona, Tusquets, 2017.
La madre de Frankenstein, Barcelona, Tusquets, 2020.
Mariano en el Bidasoa (inconclusa).

Libros de relatos
Modelos de mujer, Barcelona, Tusquets, 1996.
Estaciones de paso, Barcelona, Tusquets, 2005.

Artículos
Mercado de Barceló, Barcelona, Tusquets, 2003.
La herida perpetua, Barcelona, Tusquets, 2019.

Literatura infantil
¡Adiós, Martínez!, Madrid, Alfaguara Infantil, 2014.

Aroa Moreno Durán nació en Madrid en 1981 y estudió Periodismo en la Universidad Complutense. En 2017, publicó su primera novela, *La hija del comunista* (Caballo de Troya, 2017; Random House, 2023; galardonada con el premio Ojo Crítico a la Mejor Novela del Año en 2017 y, hasta la fecha, traducida a siete lenguas), y, en 2022, *La bajamar* (Random House, 2022; Premio Grand Continent y nominada al Premio Bienal de Novela Vargas Llosa 2023). También ha publicado los libros de poemas *Veinte años sin lápices nuevos* (Alumbre, 2009) y *Jet lag* (Baile del Sol, 2016). Es autora de las biografías breves de Federico García Lorca, *La valiente alegría*, y de Frida Kahlo, *Viva la vida* (ambas en Difusión, 2011).

Ana Jarén (Sevilla, 1985) inició su carrera profesional en el sector de la comunicación de moda, donde empezó a desarrollar sus primeros trabajos como ilustradora. Tras vivir en Reino Unido y Bélgica, regresó a España en 2017. En su obra, Ana se fija en las escenas del día a día, las personas y los espacios que habitan, deteniéndose en los pequeños detalles. Ha colaborado con numerosas marcas y medios de comunicación como *The Washington Post*, Fnac o *Vogue*, entre muchos otros. Es la autora de *Escritoras. Una historia de amistad y creación* (Lumen, 2023) junto a Carmen G. de la Cueva, *Astrología para colorear* (Plaza y Janés, 2022) y *Amigas* (Lunwerg, 2020).

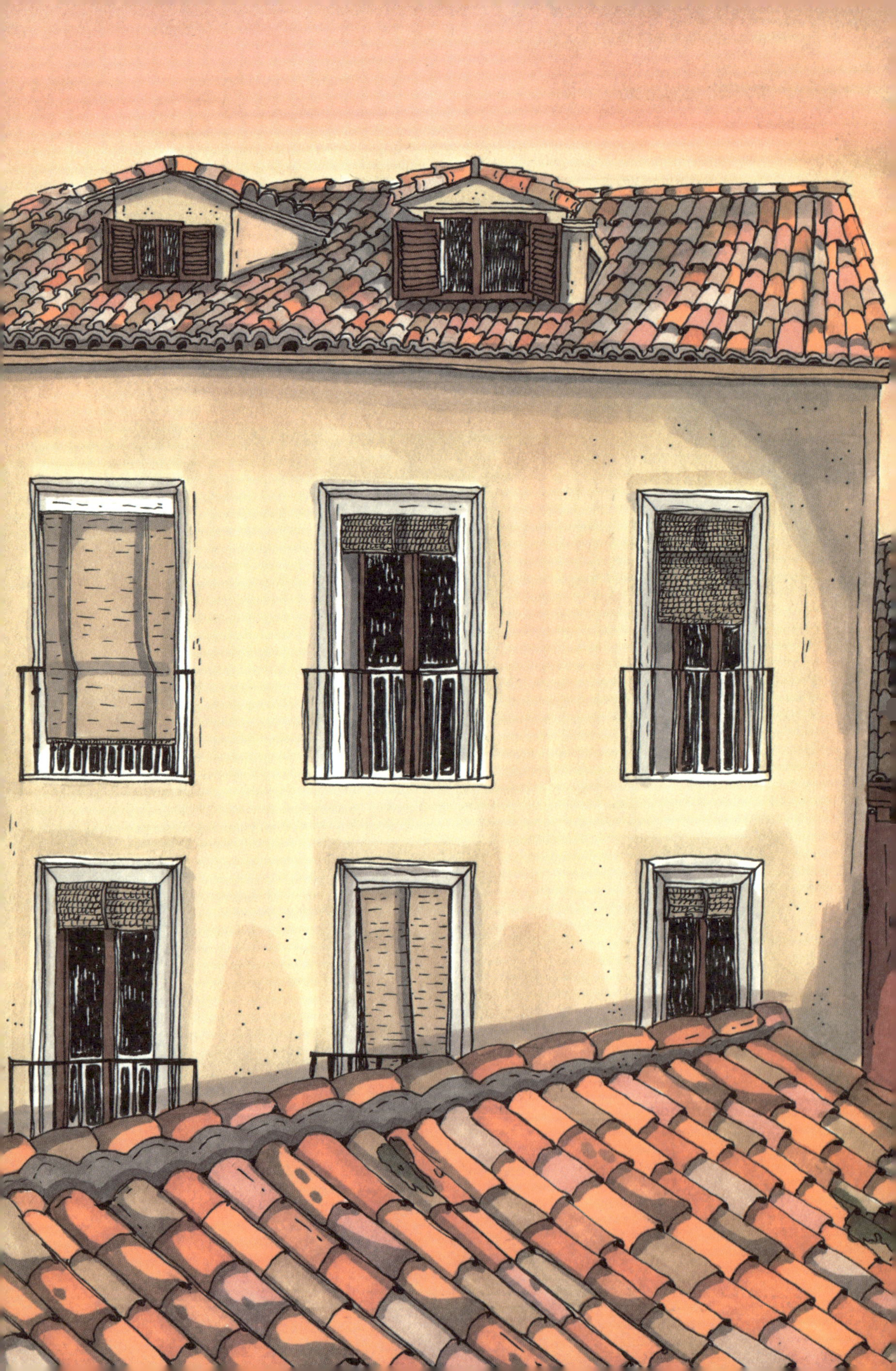

ESTE LIBRO
TERMINÓ DE IMPRIMIRSE
EN MADRID
EN FEBRERO DE 2024

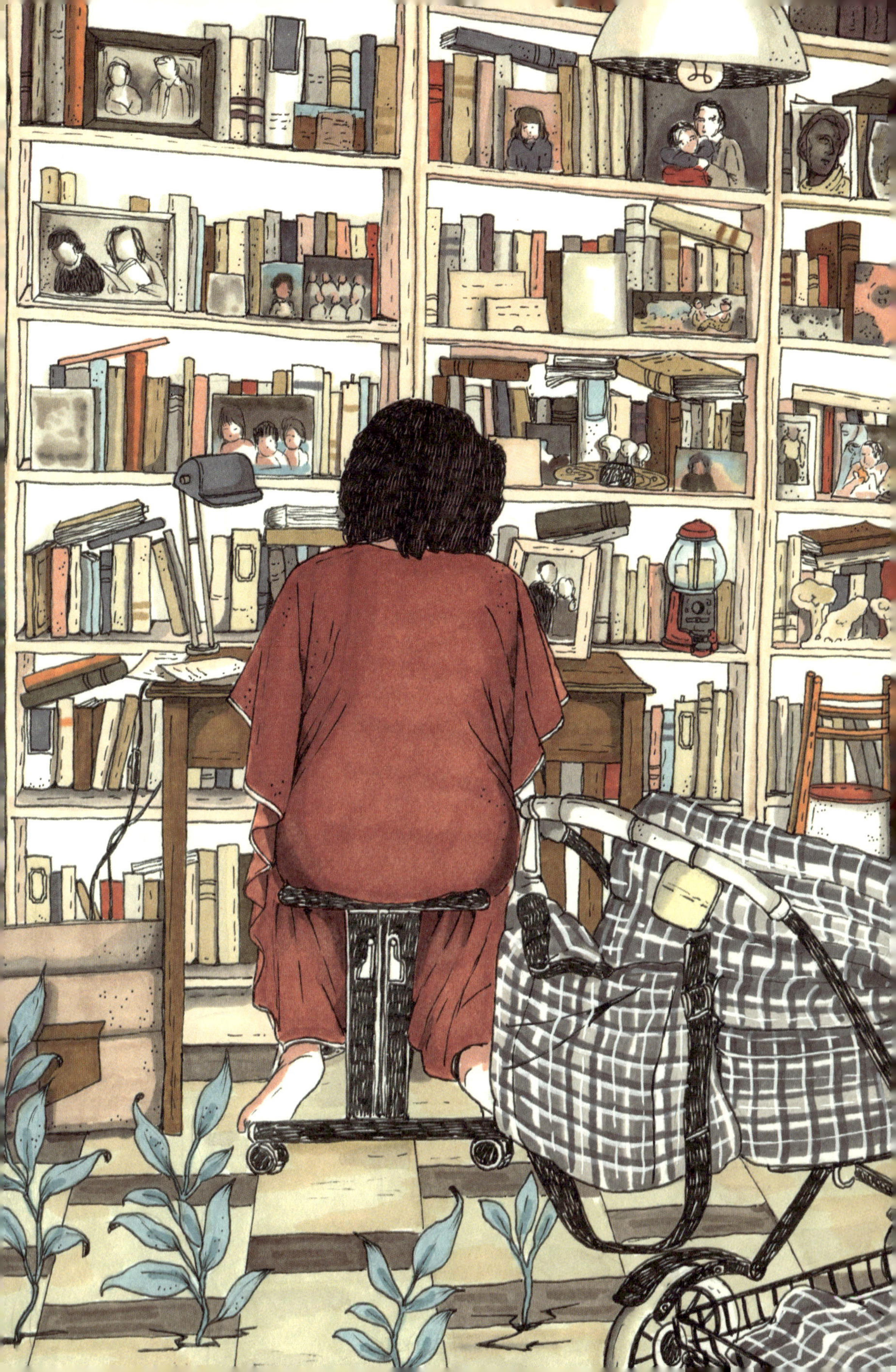